Valentina Carboni - Filippo Marini
«IL PRIMO MANUALE DI TAEKWONDO FREESTYLE»

con la collaborazione di

Progetto editoriale: Elektra Web
Coordinamento scientifico: Valentina Carboni
Layout grafico: Filippo Marini
Servizio fotografico: Lewis Hightower
Collaborazione sportiva: Davide Turilli (A.S.D. Free Spirit Taekwondo Trieste)

ISBN-13: 978-1539361442
ISBN-10: 1539361446

2ª edizione - Finito di stampare nel mese di febbraio 2017
Titolo inglese: «THE FIRST TAEKWONDO FREESTYLE GUIDE»

2016 © Elektra Publishing
www.elektraweb.it
info@elektraweb.it

Tutti i diritti sono riservati. Nessuna parte di questo volume può essere riprodotta, digitalizzata, memorizzata o trasmessa in alcuna forma e con alcun mezzo elettronico, fotocopia, microfilm, in disco o in alcun altro modo in alcun Paese senza l'autorizzazione scritta dell'editore.
Le schede in appendice (linee guida, schede arbitri, penalità, performance plan, regolamento del mondiale Lima 2016) sono liberamente consultabili sul sito web ufficiale della WTF

VALENTINA CARBONI - FILIPPO MARINI

IL PRIMO MANUALE DI TAEKWONDO FREESTYLE

collana «I MANUALI»

*Questo libro è dedicato
ai Grandi Maestri*

PREFAZIONE
dott.ssa Valentina Carboni

"La persona più forte è quella che vince contro se stesso piuttosto che contro qualcun altro"

Lao Tzu

"Spero sinceramente che attraverso il TaeKwonDo ogni uomo possa acquistare la forza sufficiente per arrivare ad essere il guardiano della giustizia, opponendosi ai conflitti sociali e coltivando lo spirito umano al livello più alto possibile"

Il *Freestyle Poomsae* è una disciplina giovane che trae le sue radici dalle più antiche tecniche coreane e che offre il giusto spazio alle abilità dei giovani ed alla conoscenza dei maestri più esperti.
Quando si parla di Freestyle Poomsae non si può prescindere dal definire qual è il punto cardine che tutto sorregge, in un equilibrio armonico di forze in grado di elevare il più possibile lo spirito umano: il *Tae Kwon Do*.
Quando poi la tecnica della disciplina prende forma attraverso la musica e la creatività, l'unico sentimento che si può provare è emozione.
Non ci sono combattimenti reali, non c'è più la paura di essere colpiti ed in quei pochi 60–70 secondi si vuole dimostrare l'integrità, la dedizione, la perseveranza, lo spirito indomito e la forza spirituale, raccontando ognuno la propria storia, dando vita autentica al Freestyle Poomsae.
Costruire un manuale di Freestyle Poomsae contribuisce a porre le basi ad un linguaggio comune che trae la sua essenza dalla World Taekwondo Federation (WTF) e che si sviluppa in una forma evolutiva continua a livello mondiale.
Che cos'è il Freestyle Poomsae? Quali conoscenze tecniche agonistiche sono indispensabili? Come si costruisce una performance? Cosa sarà valutato? Quali sono le penalità? Come si può realizzare una coreografia armonica e creativa in grado di emozionare in soli 60–70 secondi?
Ebbene, partendo da queste domande, ci si pone l'obiettivo di offrire una

base di conoscenza a coloro che vogliono sviluppare le proprie competenze in quest'Arte Marziale, affinandole sempre di più per raggiungere i massimi livelli formativi e performativi. Ciò non prescinde dalla necessità di una preparazione atletica con un proprio maestro, guida fisica e psicologica al fine ultimo dell'allenamento.

La preparazione atletica dovrà essere graduale, continuativa ed accuratamente programmata, non solo in merito alla tecnica ed alla filosofia dei TaeKwonDo ma, altresì, essa dovrà integrarsi sinergicamente con un'eccellente conoscenza di ginnastica acrobatica che, oltre ad essere obbligatoria nel Freestyle, si fonde con i principi di equilibrio ed armonia tali da rendere la performance sempre più spettacolare e completa.

Per ciò che concerne l'aspetto psicologico, l'atleta, per poter raggiungere i massimi livelli performativi, necessiterà di acquisire un'adeguata consapevolezza, controllo e modulazione delle proprie emozioni, al fine di comunicare ciò che vuole esprimere in modo efficace e coinvolgente "contagiando emotivamente" l'osservatore attento e, nel nostro specifico caso, un pubblico ed una giuria.

Partendo da questi presupposti, abbiamo valutato numerosi video prima di scegliere l'atleta al quale dedicare questo manuale. Davide Turilli ha catturato la nostra attenzione proprio perché ci ha emozionato, sia per l'integrità e la precisione tecnica, sia per la storia che ha saputo raccontare in quei prescritti 60 secondi.

Stella nascente del Freestyle Poomsae, Davide Turilli è nato a Trieste il 9 giugno 1997. Atleta nazionale classificatosi 6° ai mondiali di Lima del 2016, cintura Nera 3° Dan, e prossimo a sostenere gli esami per la Cintura Nera di Ju Jitsu. Un giovanissimo sportivo che ha conseguito risultati eccellenti attraverso la riconosciuta dedizione, perseveranza, impegno, l'etica sportiva e la continua crescita nella conoscenza e nel perfezionamento della tecnica. Un percorso formativo che inizia all'età di quattro anni nel TaeKwonDo e che si sviluppa poi nel Freestyle Poomsae, accompagnato dal padre Carlo, raggiungendo un posto nel podio fin dai suoi primissimi tornei nazionali ed internazionali.

Nel suo palmares, che troverete in appendice, sono descritte le più significative competizioni alle quali Davide ha partecipato, dimostrazione concreta di una crescita continua vissuta con impegno e dedizione. Per vedere una delle sue più spettacolari performance vi rimandiamo al video al link www.facebook.com/carlo.turilli/videos/1193875100642013.

Non ci resta che augurarvi una buona lettura ed un buon allenamento.

Capitolo 1
ORIGINI STORICHE E SVILUPPI

Il Freestyle che prende vita dalle *forme* e dalla tecnica del TaeKwonDo, chiamato *Freestyle Poomsae* o *Creative Poomsae*, viene introdotto ufficialmente nei Campionati Mondiali di Forme del 2012, ed in particolare alla settima competizione mondiale indetta dalla World TaeKwonDo Federation a Tunja, in Colombia. Se prima di tale data questa disciplina si animava solo all'interno delle palestre, da allora in poi si sviluppa e cresce su basi competitive che esprimono il connubio perfetto tra la tecnica tattico-agonistica del TaeKwonDo, l'immenso mondo dell'acrobatico associato a tale disciplina e l'armonia musicale-coreografica che ne enfatizza la forza, l'espressività e l'emozionalità.
Le origini e l'espressione di questa disciplina giovane e dinamica si concretizzano nella storia e nello sviluppo del TaeKwonDo, rappresentato dai diversi stili che sono stati elaborati nel corso degli anni: il Kukkiwon promosso dalla WTF ed il Chang Hon dall'ITF. Da ciò si evince che non si può comprendere il Freestyle TaeKwonDo prescindendo dalla conoscenza delle tecniche basilari dell'arte marziale che ne hanno reso possibile la realizzazione. Il TaeKwonDo è difatti l'arte marziale coreana le cui radici storiche si cristallizzano nella pratica del Taekkeyon, che i guerrieri coreani praticavano per difendersi o per eseguire rituali sportivi. Agli inizi del XX secolo la Corea venne occupata dal Giappone, che vietò l'espressione di qualsiasi arte marziale. Ciononostante, il Taekkeyon veniva praticato mascherandolo con la danza. Fu solo al termine della seconda Guerra Mondiale che la Corea, tornata libera, riprese ad esprimere ed a insegnare tale arte marziale, nei suoi diversi stili, in modo libero ed autonomo. La Guerra di Corea del 1952 influì sulle sorti di tale disciplina: l'addestramento militare si basava proprio su quest'arte marziale che fu riconosciuta

ufficialmente dallo Stato, tanto che tra gli anni '50 e '60 venne fondata la Korea TaeKwonDo Association. Tale evento segnò il debutto a livello mondiale di quest'arte marziale in ambito sportivo: nel 1966 venne fondata la International TaeKwonDo Federation (ITF) e nel 1973 venne istituita la World TaeKwonDo Federation (WTF) in Corea del Sud ma, mentre l'ITF subì negli anni una frammentazione, la WTF continuò ad esprimersi come stile unitario, ottenendo di rappresentare il TaeKwonDo ai giochi olimpici nel 1988 a Seul, e facendolo diventare sport olimpico ufficiale all'edizione di Sydney nel 2000.

Sarà proprio la WTF ad includere il Freestyle Poomsae nell'ambito delle competizioni sportive mondiali, enfatizzando le componenti che lo contraddistinguono: la filosofia della tecnica, la creatività, l'armonia e l'espressività di chi lo pratica.

Trovando quindi le sue origini nel TaeKwonDo, il Freestyle Poomsae si sviluppa come aumento dell'equilibrio dinamico tra forze energetiche psico-emozionali e fisiche. Lo svolgimento armonico di una coreografia in ambito competitivo è vincolato ad alcune regole di base presentate fin dal suo primo campionato mondiale, nel 2012 a Tunja in Colombia, perfezionate e diventate poi linee guida sia per la costruzione della performance, sia come criteri della valutazione della stessa.

L'obiettivo di chi presenta questa nuova disciplina in competizione è di creare un connubio perfetto tra le Poomsae e le tecniche di combattimento del TaeKwonDo, tra cui prendono particolare valore i calci con azioni acrobatiche (esempi ne sono il Tornado 720° o il Jumping Yop Chagi), il tutto integrato in modo armonioso e creativo su una base musicale appropriata e coinvolgente. Avvicinarsi al Freestyle Poomsae richiede di intraprendere un percorso conoscitivo e pratico delle Poomsae, di impegno crescente, in relazione al proprio percorso formativo del TaeKwonDo, simboleggiato dalle cinture. Le Poomsae risultano essere a tal proposito il prerequisito filosofico fondamentale per poter far propria la tecnica dei calci e dei pugni, che si riusciranno a perfezionare in gradi di difficoltà crescente attraverso la pratica costante. Il Freestyle si arricchisce, come già evidenziato, del mondo acrobatico, che rende ancor più spettacolare tale disciplina, ma che viene valorizzato laddove sia incorporato ad una tecnica del TaeKwonDo. Il tutto dovrà essere consolidato al fine di costruire la propria coreografia competitiva, della quale saranno prese a giudizio anche le componenti di creatività, armonia, espressività e musicalità.

Ogni competizione prevede linee guida precise.
Le prescrizioni vincolanti nel Freestyle Poomsae (FSP) e ribadite nel programma di ogni specifica competizione, riguardano innanzitutto le dimensioni dell'area in cui si svolge la prestazione: 10m x 10m o 12m x 12m. La durata della performance è generalmente non superiore ai 60-70 secondi. Le tecniche di base, che dovranno comparire nella performance, saranno disciplinate in ogni progetto competitivo da chi organizza il torneo, così come potrebbe essere prescritto il numero di poom, generalmente non superiore alle 20-24. Le competizioni potranno essere individuali, a coppie o a squadre, in cui ogni componente sarà obbligato ad indossare l'uniforme riconosciuta per le gare di Poomsae dal WTF: il Dobok.

Per saperne di più

Il Dobok è costituito da tre parti fondamentali: la casacca, i pantaloni e la cintura. Questi tre elementi rappresentano tre figure geometriche fondamentali: il cerchio, il quadrato e il triangolo. Simboli che, secondo la tradizione coreana, sono il fondamento dell'universo. Nella filosofia taoista, prendono il nome "*Sam-Jae*": il cerchio "*Cheon*" simboleggia il cielo; il quadrato "*Ji*" la terra; il triangolo "*In*", l'essere umano. In tal senso ci si riferisce alla teoria dello *Yin* e dello *Yang* secondo la quale l'uomo è un piccolo universo: la casacca rappresenta lo Yang, i pantaloni sono Yin e la cintura simboleggia la volontà di organizzare i Sam-Jae e di concentrare l'energia al centro del corpo.

Quando le linee guida specifiche della competizione saranno state esplicitate, l'atleta potrà costruire la sua coreografia, nella quale sarà evidenziata la linea Yeon-Mu, vi sarà una scelta autonoma della musica, così come sarà a discrezione dell'atleta l'ordine di esecuzione delle tecniche richieste.
La coreografia dovrà essere priva di contenuti politici, sociali e religiosi.
Per ottenere il miglior risultato, sarà quindi necessario conoscere le modalità di valutazione delle competenze tecniche, del numero di calci, del livello di esecuzione dei calci di combattimento, delle azioni acrobatiche, dei movimenti base, della presentazione, della creatività, dell'armonia e dell'espressività. Tutto ciò al fine di costruire non solo una coreografia adeguata, ma di essere in grado di dare un'autovalutazione per affinare le proprie competenze.
In questo manuale verranno affrontate tutte queste tematiche partendo dai principi dell'anatomia umana, presentando poi una spiegazione dettagliata dell'allenamento alla coordinazione, all'equilibrio, alla forza esplosiva ed alla massima escursione articolare. Saranno poi passate in rassegna le

tecniche di base da conoscere se si vuole intraprendere un percorso in tale disciplina. Si offriranno indicazioni concernenti la valutazione della prestazione nel Freestyle Poomsae, comprensive di considerazioni sulle penalità specifiche. Infine saranno forniti alcuni consigli utili a migliorare la performance coreografica, per arricchirla di armonia ed emozione.

A tal proposito risulta di fondamentale importanza anche il progetto di performance: il tema che si intende rappresentare. Esso acquisirà maggior valore, tanto più il suo significato sarà simbolico rispetto alla filosofia di tale disciplina. Potrà rappresentare un combattimento simulato o potrà essere un racconto costruito attorno alla musica. In ogni caso, più l'atleta si sentirà protagonista del tema, più la coreografia prenderà vita attorno ad esso.

Deciso o prescritto il tema principale della competizione, si potrà dar vita alla costruzione della performance. Tutto ciò sarà coadiuvato da una conoscenza appropriata delle posizioni, delle poomsae, delle tecniche del TaeKwonDo, dell'acrobatico, della coordinazione ritmica-musicale, dell'equilibrio psicofisico e della forza esplosiva.

Solo attraverso l'allenamento, la perseveranza e l'integrità si potranno raggiungere i più alti risultati.

Capitolo 2
ANATOMIA UMANA E DEL MOVIMENTO

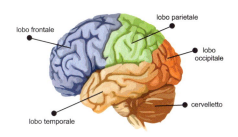

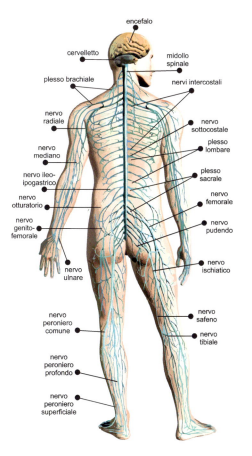

2.1 Cosa avviene nel nostro cervello?

E' stato ampiamente dimostrato che l'attività fisica ha effetti positivi sul Sistema Nervoso Centrale, e ne determina sia lo sviluppo di diverse aree, sia l'attivazione di circuiti neuronali che avranno effetti importanti nei più vari campi della conoscenza umana.
Il cervello, infatti, si modifica in seguito all'apprendimento: si modella a livello fisiologico e strutturale. Considerando poi, che l'allenamento corrisponde ad un incremento di apprendimenti esecutivi performativi, attraverso un adeguato workout si potranno raggiungere i massimi risultati, pur essendovi un limite massimo performativo geneticamente definito, ma non necessariamente espresso quando ci si appresta ad iniziare l'attività allenante.

2.2 Il Sistema Nervoso

Quando parliamo di Sistema Nervoso distinguiamo:

- Il **Sistema Nervoso Centrale** (SNC), formato dal tessuto nervoso all'interno del cranio (encefalo, cervello, cervelletto, mesencefalo, ponte e bulbo) e dal canale vertebrale (midollo spinale).

- Il **Sistema Nervoso Periferico** (SNP), che comprende tutto il tessuto nervoso al di fuori del canale vertebrale. Comprende il *Sistema Somatico* che si basa sull'azione sinergica del sistema sensitivo e motorio ed il *Sistema Nervoso Autonomo*, che gestisce le funzioni vitali e controlla la muscolatura liscia, il cuore e le ghiandole. Esso presiede al controllo delle funzioni involontarie grazie all'azione sinergica del *Sistema Simpatico* (attivo nelle situazioni di stress) e *Parasimpatico* (attivo nelle situazioni di rilassamento).

Insieme, i due sistemi determinano fenomeni di adattamento che consentono di gestire e mantenere l'equilibrio interno: l'*omeostasi*. Nel Sistema Nervoso Somatico fasce di cellule organizzate formano i nervi che, attraversando il corpo, garantiscono la comunicazione fra le cellule. I nervi sensitivi trasmettono le informazioni dagli organi di senso al Sistema Nervoso Centrale, mentre i nervi motori portano le informazioni dall'encefalo alla periferia, attivando i meccanismi del movimento.

2.3 Struttura e funzioni

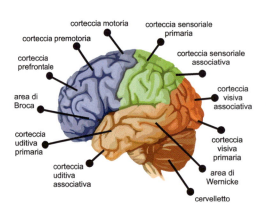

Il cervello è il centro di controllo del nostro corpo: elabora le informazioni che provengono dall'interno e dall'esterno e ne dispone quelle in uscita. E' diviso in due metà, chiamati emisferi, ed ogni emisfero è a sua volta diviso in quattro lobi. Lo strato esterno è costituito dalla corteccia cerebrale, la sostanza grigia.

Esso si collega alla spina dorsale grazie al tronco encefalico. Le cellule nervose si chiamano *neuroni:* essi trasportano i messaggi che il cervello manda e riceve attraverso i nervi. La struttura del cervello è caratterizzata da una rete di oltre centomila miliardi di connessioni fra le diverse cellule nervose (le *sinapsi*) e tale comunicazione fra cellule avviene mediante impulsi elettrici. I nervi che ricevono le informazioni dall'esterno vengono definiti *sensitivi*; quelli che le trasmettono dall'interno sono i *motori;* gli *intraneuroni* consentono i collegamenti ed il passaggio degli impulsi tra le diverse parti di tutto il sistema nervoso.

Il cervello è formato da materia grigia e materia bianca: la prima è costituita dall'insieme dei *pirenofori,* o corpi cellulari dei neuroni, mentre la seconda è formata dalle *fibre nervose*, ricoperte da mielina, sostanza isolante grassa e bianca che forma gli assoni o neuriti. Ad ogni area del cervello sono associate diverse funzioni.

La **corteccia motoria primaria** invia ai muscoli segnali per indurre movimenti volontari, la **corteccia premotoria** coordina invece sequenze motorie complesse.

La **corteccia prefrontale** è responsabile di comportamento e personalità.

L'**Area di Broca** è addetta alla formazione del linguaggio, mentre l'**Area di Wernicke** interpreta il linguaggio parlato e scritto. Le **cortecce uditiva primaria** e **uditiva associativa** consentono il riconoscimento di suoni, parole, musica, ecc.

Le **cortecce sensoriale primaria** e **sensoriale associativa** analizzano le sensazioni provenienti da pelle, muscoli, articolazioni e organi.

La **corteccia visiva primaria** analizza i dati visivi per formare immagini, mentre la **corteccia visiva associativa** riceve gli impulsi nervosi dall'occhio.

Le funzioni si distinguono anche in relazione ad ogni emisfero: il sinistro presiede al linguaggio, al pensiero astratto ed al calcolo, il destro ai dati di spazio e tempo e agli stati emotivi. Ogni emisfero è collegato alla parte opposta del corpo, in quanto a livello del bulbo si verifica l'incrocio delle fibre nervose.

Un ruolo importante per il movimento è svolto dalla corteccia premotoria che coordina sequenze motorie complesse, dalla corteccia motoria che invia segnali ai muscoli per indurre movimenti volontari e dal cervelletto che aiuta a controllare il bilanciamento e a rendere più fluidi i movimenti.

Per ciò che concerne il movimento nel Sistema Somatico, i motoneuroni o nervi motori si distinguono per le caratteristiche funzionali diverse.

I motoneuroni α (alpha) innervano direttamente le fibre muscolari e provocano l'accorciamento del muscolo, quelli γ (gamma) contribuiscono maggiormente al mantenimento del tono muscolare.

Grazie alle sempre più avanzate tecnologie di Neuroimagine, come ad esempio la *Risonanza Magnetica Funzionale* (RMF) *con contrasto*, si è potuto visualizzare il cambiamento delle mappe motorie, cioè cosa avviene durante l'esecuzione di svariati esercizi.

2.4 I muscoli e l'origine del movimento

Il tessuto muscolare si distingue per la sua struttura, funzione e collocazione. Per ciò che concerne il Freestyle Poomsae, la nostra attenzione va principalmente al tessuto muscolare striato scheletrico che è costituito da cellule plurinucleate dette anche fibre muscolari. Queste cellule striate sono innervate dal sistema nervoso somatico, quindi la loro contrazione è attivata in modo volontario.

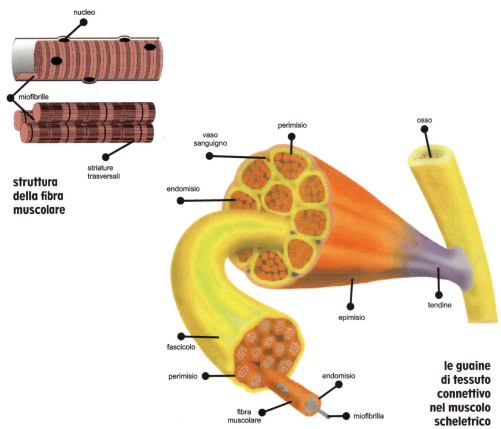

Il muscolo scheletrico costituisce una massa del 40% circa in un soggetto non allenato e di oltre il 60% in un atleta. Esso è costituito per il 75% di acqua, il 20% di proteine e per il 5% da altre sostanze, quelle inorganiche.
Attraverso il sistema muscolare il corpo si muove, esprime la sua forza, la velocità e la precisione. Proprio attraverso la contrazione, il muscolo genera forza e ciò avviene solo in trazione, ossia quando i segmenti ossei vengono avvicinati. Attraverso le leve rappresentate dallo scheletro umano e, grazie alla diversa distribuzione muscolare (*muscoli agonisti/antagonisti*), l'organismo genera tutti i movimenti.
Per creare il movimento è dunque necessario il lavoro di più muscoli in sinergia.
Il muscolo scheletrico è costituito da un *ventre* e da due apici terminali detti *tendini*. La forza si sviluppa tramite la contrazione delle cellule muscolari del ventre. I tendini, inserendosi su due o più segmenti articolari, fungono da organo di trasmissione della tensione.
In un corpo umano vi sono più di 600 muscoli, dai più piccoli con poche fibre a quelli più grandi con centinaia di migliaia di fibre.
Il tessuto che avvolge le fibre muscolari si chiama *tessuto connettivo*, in cui si trovano i *vasi capillari* e le *fibre nervose*. I capillari sanguigni garantiscono il trasporto di ossigeno e di sostanze nutritive (*anabolismo*). Inoltre si occupano di eliminare l'anidride carbonica e le sostanze di rifiuto (*catabolismo*). Il numero dei capillari presenti nel muscolo è elevato e tende ad aumentare in un soggetto allenato alla resistenza. All'interno del ventre le fibre muscolari sono disposte in senso longitudinale e trasversale. Quelle longitudinali sono collegate ai tendini e sono lunghe quanto il muscolo, quelle trasversali sono più corte e si uniscono alla rete connettivale che avvolge il muscolo e, tramite questa, al tendine. Questa disposizione delle cellule permette di esprimere velocità e forza.
In sintesi, il tessuto connettivo riveste il muscolo, l'*endomisio* avvolge le fibre muscolari e il *perimisio* riveste l'insieme di fibre (fascicoli). I tendini uniscono il reticolo intramuscolare di tessuto connettivo e s'inseriscono sull'osso (*periostio*).

2.5 Come avviene la contrazione muscolare?

Le componenti contrattili di base della cellula muscolare sono i sarcomeri, cioè piccole unità contrattili disposte in serie lungo la fibra. Queste unità sono a loro volta costituite da miofilamenti spessi (*miosina*) e sottili (*actina*), proteine che si sovrappongono l'una all'altra. I miofilamenti di miosina sono disposti nella parte centrale del sarcomero, mentre l'actina si trova nei due estremi laterali. Sezionando trasversalmente il sarcomero si nota che ogni filamento di miosina è circondato da sei filamenti di actina, mentre ogni miofilamento di actina è circondato da tre filamenti di miosina. Nello spazio che separa l'actina dalla miosina sono presenti i cosiddetti ponti trasversali disposti a spirale su quest'ultimo miofilamento. All'interno del sarcomero, un'altra proteina che riveste importanti funzioni è la *titina*, che si estende compenetrando la miosina. L'elasticità della titina garantisce l'allungamento del sarcomero, prevenendone allo stesso tempo l'iperestensione.

Quando il muscolo si allunga, si riduce la sovrapposizione dei filamenti di actina e miosina, vi è l'allungamento delle miofibrille reticolari, i filamenti intermedi ed i filamenti di *connettina*. Avviene quindi un aumento della resistenza degli elementi elastici al fine di impedire la totale eliminazione della sovrapposizione dei filamenti.

Quando il muscolo si contrae, vi è lo scorrimento dell'actina sulla miosina per mezzo dei ponti trasversali: si avvicinano le due estremità laterali del sarcomero, sviluppando così una considerevole forza. Se questo meccanismo viene moltiplicato per il numero delle unità contrattili del muscolo, otteniamo il suo potenziale di forza massima.

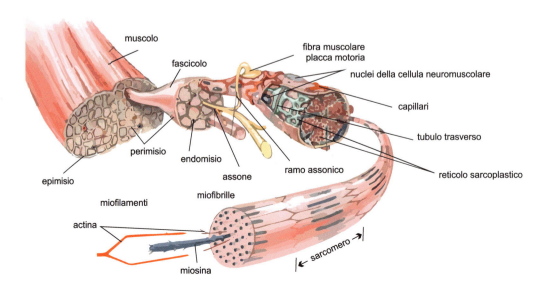

Ogni miofilamento di actina è associato ad altre due proteine: la *tropomiosina* e la *tropominina*. Queste due proteine hanno un ruolo regolatorio permettendo di mantenere il muscolo decontratto fino a quando viene attivata la contrazione, grazie al rilascio di ioni di calcio che annullano gli effetti inibitori delle proteine regolatrici. Il movimento dell'individuo viene definito traduzione chemiomeccanica, in cui si genera energia meccanica a partire dall'energia chimica con conseguente cessione di calore.

Fibre muscolari e specializzazione

Le fibre muscolari si distinguono inoltre per la loro specializzazione che determina la capacità di contrazione più veloce o più lenta. La distinzione è specificata dal gene che codifica l'isoenzima miosinico e di conseguenza un'attività ATPasica rapida o moderata.

Le fibre lente vengono definite *fibre rosse di tipo I,* hanno una buona resistenza ma una modesta velocità, sono altamente vascolarizzate quindi ricche di emoglobina e mioglobina, un adeguato apporto di ossigeno e metabolici che le rendono per l'appunto resistenti

Per saperne di più

Da dove trae energia il muscolo?

In ogni cellula, implicata in processi che richiedono energia, è presente l'adenosina trifosfato chiamata ATP. Essa è formata dall'adenina legata al ribosio a cui sono legati tre gruppi fosfatici. L'energia viene liberata con la rottura dell'ultimo legame covalente che tiene unito il gruppo fosfato. L'ATP diviene ADP (adenosina difosfato) che verrà nuovamente convertita in ATP in un ciclo continuo di risintesi mediante tre sistemi: anaerobico alattacido che utilizza la fosfocreatina, anaerobico lattacido che prevede la glicolisi e la produzione di acido lattico ed il sistema aerobico che prevede il rilascio di acqua ed anidride carbonica.

La differenza sostanziale tra i diversi sistemi energetici sta proprio nell'esecuzione dell'esercizio calcolata in termini di tempo necessario a raggiungere il massimo valore energetico. Il sistema anaerobico alattacido di fatti viene attivato per fornire energia per brevissimi periodi di tempo, al massimo 8 secondi. Il sistema anaerobico lattacido viene attivato con attività che prevedono un tempo massimo di due minuti. Infine il sistema aerobico prevede una disponibilità di energia per lunghi periodi di tempo in quanto la presenza di ossigeno permette di ossidare le fonti energetiche determinando il rilascio di CO_2 e H_2O.

all'affaticamento in virtù delle cospicue scorte di glicogeno di cui dispongono e dalle quali estraggono energia. Il loro controllo avviene ad opera dei motoneuroni alfa di piccole dimensioni, capaci di inviare impulsi nervosi in modo continuativo e costante.

Le fibre veloci, dette anche *fibre bianche di tipo II*, sono formate da cellule con un reticolo sarcoplasmatico sviluppato, tendono ad affaticarsi rapidamente ma sono in grado di esprimere grande potenza in quanto sono ricche di glicogeno e fosfati energetici che consentono di eseguire contrazioni rapide e potenti, ma per un breve periodo di tempo.

Le fibre lente e veloci sono in rapporto paritetico prima della pratica sportiva, attraverso la quale avviene un adattamento fisiologico specializzante. Nel Freestyle Poomsae viene richiesta una maggior attività delle fibre bianche, proprio a causa del fatto che le stesse sono deputate alla velocità di esecuzione ed alla forza esplosiva di elevazione, in un lasso di tempo ridotto.

2.6 I tendini

I tendini e le congiunzioni muscolo-tendinee sono formati da cellule di tessuto connettivo. Il tendine è costituito principalmente da fibre di *collagene* (*tropocollagene* che forma le *microfibrille*, riunite in *subfibrille* che compongono le *fibrille*, i *fascicoli* ed infine il *tendine*). Osservando un tendine al microscopio, esso presenta un aspetto ondulato. Nel meccanismo dell'allenamento, il tendine modifica l'aspetto ondulato, le fibre si tendono ed assumono un aspetto lineare.

Se la sollecitazione aumenta, possono manifestarsi delle lacerazioni parziali, che si ricompongono al cessare delle sollecitazioni, fase in cui avviene il potenziamento del tendine. La trasmissione delle tensioni dal muscolo al tendine avviene in modo diretto ed in modo trasversale, cioè attraverso le strutture elastiche trasversali del muscolo.

L'adattamento tendineo alle sollecitazioni motorie, però, è più lento rispetto a quello muscolare e, proprio in virtù di ciò, dovrebbero essere dosati adeguatamente i carichi di lavoro per evitare eventuali lesioni e garantire la massima espressione della forza.

Il sistema muscolare

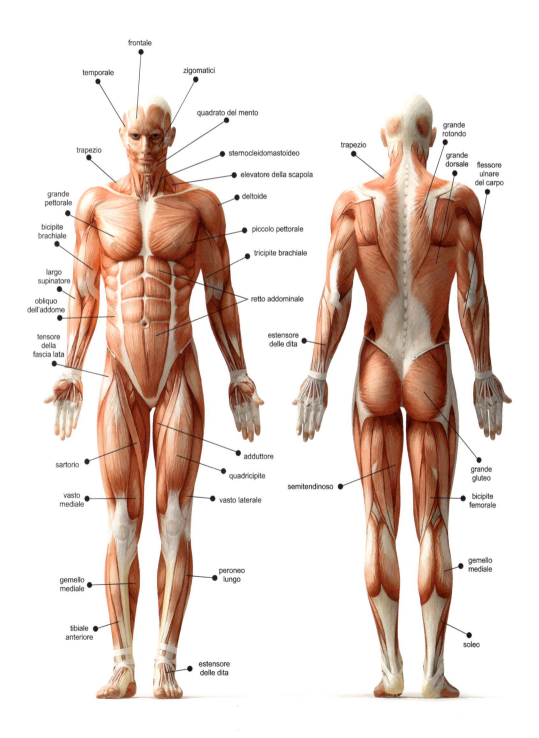

2.7 Giunzioni neuromuscolari

Un ultimo accenno va fatto alle giunzioni neuromuscolari, in quanto il muscolo, per svolgere il proprio lavoro, deve essere governato da uno stimolo che ne permetta l'attivazione. Questo compito spetta agli impulsi nervosi (*potenziali d'azione*) che, tramite i motoneuroni, ossia le cellule nervose, si propagano dal Sistema Nervoso Centrale fino all'organo effettore, in questo caso il muscolo. Il passaggio del potenziale d'azione dal prolungamento nervoso alle fibre muscolari che innerva, avviene per mezzo della giunzione neuromuscolare (*sinapsi*), il cui funzionamento è regolato da un mediatore chimico: l'*acetilcolina* (ACh). Le fibre muscolari, in quanto cellule, possiedono una membrana che è eccitabile elettricamente e, quando un potenziale d'azione raggiunge questa struttura, determina una depolarizzazione del potenziale di riposo della membrana.
Se l'effetto supera il valore-soglia, si innesca la sinergia di eventi che dà il via all'allungamento o alla contrazione. Ogni motoneurone e tutte le fibre muscolari che innerva costituiscono l'*unità motoria*.
L'attivazione di una fibrocellula muscolare può essere massimale solo quando l'impulso innesca nell'unità motoria una risposta.
Questo sistema risponde quindi alla legge del «*tutto o nulla*».

2.8 Lo scheletro

Delle 206 ossa che formano lo scheletro, 80 vanno a costituire il cosiddetto scheletro assiale, ossia cranio, colonna vertebrale, gabbia toracica (o tronco) e bacino, e conferiscono al corpo la postura eretta. Le altre 126 formano la struttura appendicolare: arti inferiori e superiori (gambe, spalle e braccia). L'intelaiatura del tronco è costituita dalle costole, connesse nella loro parte posteriore alle vertebre della colonna, e anteriormente allo sterno, formando così il torace.
Nella parte inferiore della colonna vertebrale si salda il bacino (ischio, ileo e pube). Gli arti superiori si uniscono al corpo tramite il cingolo scapolo-omerale. Quindi troviamo l'omero, il radio e l'ulna, poi carpo, metacarpo e falangi della mano.
Gli arti inferiori sono connessi al corpo dall'articolazione coxo-femorale e le ossa che li compongono sono il femore, il perone e la tibia, il tarso, il metatarso e le falangi nel piede. Con l'apparato muscolare, lo scheletro

forma il sistema locomotore e questo avviene grazie ai tendini che, come abbiamo visto, sono quelle strutture connettivali poste all'estremità del muscolo e che lo saldano all'osso in cui si innesta.
Attraverso il tendine la contrazione del muscolo viene trasmessa agli arti ed alla colonna, rendendo possibile il movimento.

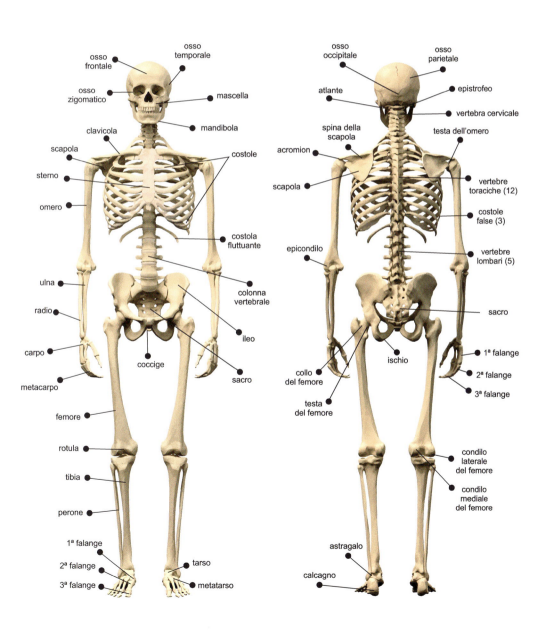

Per saperne di più

Esternamente il tessuto osseo è compatto ed è rivestito dal periostio, una membrana con la funzione di proteggere e nutrire l'osso. All'interno vi è una struttura chiamata trabecolare formata da tessuto spugnoso e resistente. Durante lo sviluppo, la crescita dello scheletro avviene per la presenza delle cartilagini di coniugazione che producono cellule per la crescita dell'osso fino a maturazione completata. Le ossa si distinguono in piatte, corte e lunghe. Le piatte sono caratterizzate da una superficie estesa e da uno spessore ridotto (ad es. ossa del cranio e delle scapole). Le ossa corte sono di dimensioni ridotte, (ad es. vertebre e ossa di mani e piedi). Le ossa lunghe, di forma stretta e lunga, hanno al loro interno una cavità che contiene il midollo osseo. Per citarne alcune: femore, tibia e omero. Il midollo osseo ha il compito di produrre globuli rossi e piastrine e di riversarli nel circuito sanguigno.

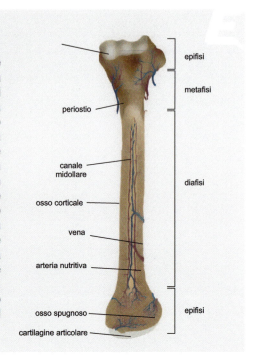

2.9 Le articolazioni

Le ossa si incontrano in una struttura definita articolazione: alcune di esse conferiscono mobilità al corpo, altre lo proteggono e lo sostengono.
Una funzione importante per il movimento la svolgono le *diartrosi*, le articolazioni mobili, come ad esempio quelle del gomito, dell'anca e del polso. Mentre la stabilità del corpo è data dalle articolazioni fisse, nelle ossa craniche ci sono le *sinartrosi* che prendono il nome di suture, nel pube le sinfisi e nel tronco troviamo le articolazioni tra le coste e le vertebre. Le articolazioni mobili si caratterizzano per la presenza di una capsula articolare che ricopre le due ossa, di legamenti che servono a rinforzare l'articolazione e della membrana sinoviale che al suo interno produce il liquido sinoviale. La sua funzione è di lubrificare ed evitare fenomeni di attrito durante i movimenti.
Permette inoltre il nutrimento della cartilagine delle superfici ossee. Le diartrosi consentono diversi tipi di movimento: vi sono articolazioni con maggior libertà di movimento a "*palla e cavità*" (ad esempio la spalla e l'anca) che rendono possibili movimenti di estensione, rotazione, adduzione e abduzione, ed altre che consentono movimenti delle singole

superfici ossee. Le articolazioni fibrose come le suture del cranio non consentono invece alcun movimento. Quelle cartilaginee che troviamo tra costato e sterno sono relativamente immobili.
Nel lavoro articolare rivestono una funzione fondamentale i muscoli e le fasce, in quanto condizionano il movimento ammortizzando gli urti meccanici a cui viene sottoposta ininterrottamente l'articolazione stessa.
Tipico esempio sono le caviglie ed i polsi, che possiedono un importante strato di tessuto connettivo: il reticolo, che serve a stabilizzare l'articolazione durante i movimenti. Nel ginocchio e nella colonna vertebrale sono invece presenti i dischi fibrosi che hanno il compito di assorbire e distribuire i carichi a cui la struttura viene sottoposta.

Facciamo un esempio prendendo in considerazione l'articolazione della spalla e le strutture coinvolte al fine di generare il movimento.
Il movimento di allontanamento dal corpo (*abduzione*) è generato dal sovraspinato e dalla parte mediana acromiale del deltoide.
Dalla posizione di riposo il deltoide è in grado di portare l'omero verso l'alto, ma non verso l'esterno. Il sovraspinato, però, è in posizione migliore per iniziare l'abduzione. Avviato il movimento, il deltoide subentra nel moto.
L'ostacolo successivo è rappresentato dal contatto osseo tra la tuberosità maggiore dell'omero ed il processo acromiale della scapola.
Ciò impedirebbe il sollevamento del braccio oltre un'altezza orizzontale.
Siamo in grado di alzare le braccia sopra la testa grazie alla rotazione della scapola utilizzando il trapezio. La scapola ruota in modo che la fossa glenoidea punti verso l'alto, portando con se il processo acromiale.
Anche l'omero ruota per mantenere il contatto articolare dell'articolazione.
Per salvaguardare le articolazioni da possibili traumi è di fondamentale importanza il riscaldamento prima di svolgere qualsiasi attività allenante.

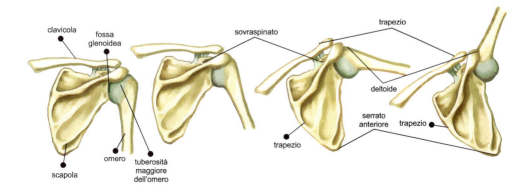

2.10 La respirazione

La respirazione è l'atto spontaneo, meccanico e involontario senza il quale il nostro organismo non potrebbe sopravvivere. Essa è composta da due fasi definite «*atti respiratori*»: l'inspirazione, che permette di assumere ossigeno dall'ambiente e l'espirazione, che consente di espellere l'anidride carbonica.

Nell'inspirazione l'aria trova il suo ingresso dalla bocca o dalle fosse nasali, passa attraverso la faringe, la laringe, la trachea, i bronchi, i bronchioli e giunge agli alveoli polmonari. L'ossigeno dell'aria, entrato nei polmoni, viene trasportato quindi in ogni cellula, in ogni angolo dell'organismo dai globuli rossi dell'apparato circolatorio arterioso. Le cellule ne trattengono una parte pari al 4%. Le sostanze nutritive si combinano con questo gas sviluppando energia in modo graduale attraverso una serie di meccanismi biochimici: da ciò è determinato il corretto funzionamento delle cellule. Le cellule rilasciano quindi nel sistema circolatorio venoso una serie di sostanze dannose o inutili all'organismo come l'anidride carbonica che viene poi espulsa dal corpo attraverso il percorso inverso, tramite l'espirazione. Se le cellule non ricevessero ossigeno in quantità sufficiente, morirebbero.

La maggior parte delle persone respira dalle 12 alle 16 volte al minuto (frequenza a riposo); con una ventilazione totale entrano nel corpo circa 8 litri d'aria al minuto. Tale valore è suscettibile ad un aumento di 8-10 volte quando il corpo è in movimento o si svolge un'attività sportiva. Nonostante la respirazione sia un meccanismo automatico, possiamo controllare in stato di riposo la frequenza e la profondità degli atti respiratori. Vi sono diverse cause psicofisiche che possono determinare una disfunzione diaframmatica. Tale condizione può determinare, in alcune circostanze, un'esecuzione

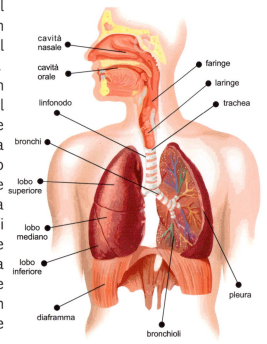

alterata degli atti respiratori (ad esempio la sensazione di non riuscire a completare l'inspirazione o l'espirazione).
Quando ciò avviene, si rischia un irrigidimento generalizzato e, in alcuni casi, si può manifestare una rigidità all'articolazione cervicale, alla colonna vertebrale e alle spalle causando infiammazioni e dolore. Tale condizione può essere migliorata imparando a controllare la frequenza respiratoria, quindi ad utilizzare tutta la muscolatura interessata nella respirazione.
I movimenti degli atti respiratori coinvolgono muscoli specifici grazie ai quali è consentita la ventilazione polmonare. La respirazione si può distinguere quindi in toracica o addominale. Nella toracica o costale, durante l'inspirazione l'aria penetra nei polmoni, il diaframma discende, le costole e lo sterno si alzano ed i polmoni si dilatano con l'aumentare del volume della cassa toracica. Durante l'espirazione l'aria viene espulsa, i polmoni si comprimono e ciò è dovuto al rialzamento del diaframma e all'abbassamento delle costole e dello sterno.
Nella respirazione addominale, non vi dev'essere tensione muscolare nella cavità addominale tale che, nella discesa del diaframma durante l'inspirazione, vi possa essere una dilatazione della cavità stessa, rendendo possibili atti respiratori profondi. Da ciò si evidenzia l'importanza del diaframma, il muscolo che separa la gabbia toracica dalla cavità addominale, delle fasce muscolari addominali che, contraendosi, riducono il volume di tale cavità, determinando l'espulsione dell'aria e dei muscoli della regione toracica.
Nel Freestyle Poomsae il controllo della respirazione risulta di fondamentale importanza, sia per la corretta esecuzione delle fasi dinamiche determinate dalle tecniche di calci con salto o in volo, sia nell'esecuzione dei passi acrobatici a cui saranno associati specifici calci, sia nella concentrazione ed esecuzione delle poomsae. Coordinare quindi, gli atti respiratori al ritmo della musica ed ai movimenti da eseguire richiede allenamenti costanti al fine di ottimizzare le prestazioni.

2.11 Il Sistema Cardio –Circolatorio

Il Sistema Cardio-Circolatorio è formato dal cuore e dai vasi sanguigni: le arterie, le vene ed i capillari, la cui funzione principale è di garantire l'ossigenazione di tutti i tessuti del corpo. Dal sangue vengono altresì trasportate sostanze nutritive, anticorpi, messaggi ormonali e sostanze di rifiuto che dovranno essere eliminate.

Il cuore è un muscolo liscio che si contrae in fase di sistole e si rilascia in fase di diastole. Esso ha un peso di circa 300 gr. nell'uomo adulto e 200 gr. nella donna. È formato da quattro cavità: due superiori, dette *atri* destro e sinistro e due inferiori dette *ventricoli* destro e sinistro. Ciascun atrio è connesso al corrispettivo ventricolo attraverso le *valvole* (bicuspide e tricuspide) che consentono il passaggio del sangue in un'unica direzione.

Il sistema Cardio-Circolatorio lavora in un doppio circuito: la *piccola circolazione* che prevede il passaggio del sangue dal cuore ai polmoni e la grande circolazione che prevede il passaggio del sangue dal cuore al corpo. Nella parte sinistra del cuore il sangue scorre ricco di ossigeno proveniente dai polmoni, nella parte destra arriva il sangue proveniente dai vasi venosi, ricco quindi di anidride carbonica. In una situazione di riposo il cuore pompa all'incirca 5-6 litri di sangue al minuto: in fase di *sistole* (contrazione) il sangue viene spinto in circolo attraverso l'arteria aorta; in fase di *diastole* (rilassamento) il sangue viene aspirato al suo interno. Il battito cardiaco è dato dalla ritmica chiusura in un primo tempo delle valvole che connettono atri a ventricoli e dalla chiusura successiva che connette ventricoli e vasi sanguigni.

Sistole e diastole sono i fattori principali che permettono di misurare la pressione arteriosa: la massima, sistolica, si ha quando il cuore si contrae e la minima, diastolica, quando si rilascia. Attraverso uno strumento chiamato *sfigmomanometro* si può misurare la pressione, che risulterà ottimale se i valori saranno di 80-90 mmHg per la minima e di 120-140 mmHg per la massima. Sopra tali valori si parla di ipertensione.

La buona funzionalità del cuore viene altresì verificata dall'*elettrocardiografo*: attraverso degli elettrodi applicati sulla superficie del corpo si possono registrare le caratteristiche elettriche delle contrazioni cardiache: il risultato è la registrazione dell'elettrocardiogramma.

La funzionalità del cuore è valutata da tre parametri quali: la frequenza cardiaca, la gittata cardiaca e la portata cardiaca.

La *frequenza* cardiaca è data dal numero di contrazioni che il cuore compie in un minuto: da 70 pulsazioni in uno stato di riposo nell'uomo adulto a 200-220 sotto sforzo.

La *gittata* cardiaca è la quantità di sangue mandata in circolo ad ogni singola contrazione e dipende quindi dalla forza contrattile del cuore e va da circa 760 ml a riposo a 180 ml sotto sforzo.

La *portata* cardiaca è la quantità di sangue messa in circolo dal cuore in un minuto ed è data quindi da frequenza per gittata. I valori oscillano da 5 litri a riposo a 30 litri sotto sforzo.

Da quanto detto si evince che, prima di praticare qualsiasi attività sportiva, va verificata e certificata la buona funzionalità di tutto il sistema Cardio-Circolatorio, al fine di evitare l'insorgere o l'aggravarsi di gravi patologie.

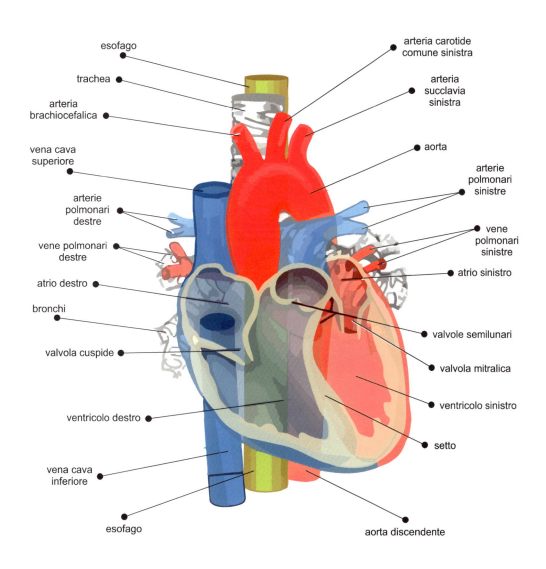

Capitolo 3
ALLENAMENTO

Il primo scopo di qualsiasi allenamento è di migliorare la capacità di risposta del corpo ad una richiesta di prestazione, che si esprime attraverso la modificazione dei parametri fisiologici: frequenza cardiaca, portata cardiaca e frequenza respiratoria.
La frequenza cardiaca a riposo è di 50-70 battiti al minuto, ma può aumentare fino a 180-220 battiti al minuto sotto sforzo. La portata cardiaca va dai 5 litri al minuto a riposo, ai 30 litri al minuto sotto sforzo e la frequenza respiratoria passa dai 12-16 atti ai 30-35 atti al minuto.
Ogni prestazione possiede dei limiti fisiologici non modificabili; ciò che si può ottimizzare, invece, è la risposta fisiologica a tali parametri.
Quando si parla di allenamento, la prima cosa da definire è il concetto di *carico allenante*. Uno stimolo si definisce allenante quando altera l'equilibrio individuale ed impone all'organismo di creare degli adattamenti. I carichi allenanti sono, per l'appunto, tutte le stimolazioni che determinano processi di autoregolazione ed adattamento dell'organismo.
L'adattamento può essere *temporaneo-metabolico* laddove gli allenamenti fossero sporadici, in cui gli adattamenti si manifestano solo durante l'allenamento per le richieste energetiche del corpo, ma successivamente i parametri ritornano ai livelli precedenti lo sforzo.
L'adattamento *epigenetico*, invece, conseguente ad allenamenti per lunghi periodi, migliora la funzionalità dell'azione allenante (cardiocircolatoria e respiratoria). Il principio generale dell'allenamento risiede quindi nel praticare con regolarità l'attività fisica, al fine di ottimizzare i parametri

fisiologici ad essa deputati. Inoltre, per essere allenanti, le sedute devono essere adeguatamente programmate.
Bisogna quindi:

- Sottoporre il proprio corpo ad un carico che porti ad un'alterazione dei parametri funzionali;
- Aumentare progressivamente il grado di stress secondo il principio di progressività di carico;
- Permettere al corpo di ripristinare le riserve energetiche attraverso adeguati tempi di recupero.

Il carico allenante è determinato dalla quantità, dall'intensità e dalla densità dello sforzo. La quantità ci indica il numero di ripetizioni che dobbiamo eseguire; l'intensità l'aumento di carico o di velocità di esecuzione; la densità indica la variazione delle pause di recupero durante l'esecuzione degli esercizi. Inoltre, c'è da sapere che il recupero può essere parziale o totale: utilizzare l'una o l'altra forma di recupero dipende dal fine dell'allenamento. Per migliorare la prestazione in termini di resistenza e forza, il recupero dovrà essere completo, per ottenere risultati rispetto alla massa, il recupero è prevalentemente incompleto.

Per saperne di più

Il principio della supercompensazione

L'organismo umano sottoposto a degli sforzi, non solo riesce a reintegrare la quantità di energia utilizzata ma, durante la fase di recupero, ne produce una quantità superiore innalzando il livello di equilibrio funzionale e generando un maggior rendimento. In pratica, la supercompensazione determinata da una situazione di stress fisico genera un adattamento fisiologico per cui, nello sforzo successivo, si avrà un surplus di energia che permetterà un miglioramento della prestazione. La variabile fondamentale al fine di utilizzare il principio di supercompensazione è di offrire stimoli adeguati seguendo corretti tempi di applicazione dei carichi. Ciò deve essere valutato in termini individuali. Proprio per questo, prima di iniziare qualsiasi forma di allenamento, è di fondamentale importanza sapere come funziona il proprio corpo, com'è strutturato e soprattutto che sia in salute.
Per lo stato di salute ci pensa il medico, per la valutazione antropometrica funzionale ci si può rivolgere a tecnici specializzati.
Tali valutazioni sono indispensabili perché ogni individuo è diverso: possiede valori massimali individuali e quindi i programmi di allenamento a breve e lungo termine, ottimizzanti le prestazioni, devono essere di conseguenza individualizzati. Una valutazione iniziale antropometrica e funzionale costituirà un parametro sul quale eseguire confronti periodici nel progredire dell'allenamento, per valutare i gradi di miglioramento di ogni singolo atleta.

3.1 Allenamento e coordinazione

La coordinazione viene definita come «*la capacità di organizzare ed eseguire atti motori finalizzati ad uno scopo*».
A tal fine, la coordinazione necessita della capacità di elaborare le informazioni provenienti dall'esterno ed organizzarle con quelle che arrivano dai recettori interni del Sistema Nervoso Centrale. Quando un segnale di input viene percepito attraverso i recettori esterni ed interni (propriocettivi o recettori del movimento), esso viene interpretato ed elaborato attraverso l'attenzione e la memoria. Sarà poi attivata una programmazione della risposta motoria in base alle informazioni percepite, interpretate ed in base alle abilità già possedute. Infine, vi sarà l'esecuzione del movimento. A questo punto, in relazione a come si è svolto il gesto atletico, si avrà un *feedback* (un messaggio di ritorno) che permetterà il confronto tra l'azione progettata e quella effettivamente compiuta. Il feedback dovrebbe generare un nuovo input al fine di raggiungere lo scopo motorio prefissato. È proprio attraverso questo circuito, che si ottimizzerà sempre di più la performance. Può capitare, però, di apprendere in modo sbagliato un movimento e di non averne consapevolezza. In taluni casi, la figura indispensabile è quella del preparatore atletico che può intervenire preventivamente sulle correzioni. Un altro strumento è la videoregistrazione, che permette un'eventuale autovalutazione.
Nel Freestyle Poomsae sono richieste capacità coordinative di medio e alto livello, raggiungibili attraverso specifici allenamenti. In questi termini si fa riferimento non solo a tutte le posizioni, poomsae, colpi e calci, ma soprattutto a tutti gli equilibri durante i salti, i voli e nelle acrobazie.
La coordinazione necessita della conoscenza della capacità di controllo del proprio corpo, che si acquisisce attraverso un processo di sperimentazione e ripetizione dei gesti che si vogliono eseguire. Nell'ambito del Freestyle Poomsae la coordinazione impone sia l'apprendimento consolidato dell'esecuzione dei gesti tecnici in modo standardizzato (le poomsae), abilità che vengono definite chiuse proprio per l'aspetto ripetitivo, sia di utilizzare adattamenti ad hoc nell'esecuzione delle tecniche di base (es. salto mortale in avanti con calcio), abilità definite aperte in quanto qualificano la prestazione differenziale degli atleti dai più abili a meno abili. Apprendere una sequenza coordinativa determina un cambiamento stabile del comportamento. Ma, affinché avvenga l'apprendimento di una sequenza motoria coordinativa e ben definita, sono indispensabili due

capacità cognitive: l'attenzione e la memoria.

Concentrarsi sui movimenti che si vogliono apprendere, selezionarli e fissarli nella mente, ossia rappresentarli anche mentalmente. Questa capacità viene definita *memoria motoria*.

Le attività coordinative, come in ogni forma di allenamento, si apprendono in modo progressivo e graduale. Il lavoro allenante si può suddividere in tre fasi: la coordinazione grezza, la coordinazione fine, la padronanza e la stabilizzazione delle abilità. Non si dovrebbe apprendere la seconda poomsae se non si conosce la prima adeguatamente bene, così come non si può riuscire in un salto mortale in avanti se non si riesce a fare la ruota.

Nell'allenamento alla *coordinazione grezza,* entrano in gioco le esperienze motorie e le abilità che l'atleta è in grado di padroneggiare. Il movimento è impreciso, vi è un uso improprio della forza, una mancanza di ritmo ed una scarsa efficienza del collegamento tra le diverse fasi dell'azione. Inoltre non c'è rapidità d'esecuzione e la correttezza dell'azione non si manifesta in modo costante. In questa prima fase, il soggetto sembra maggiormente concentrato sul risultato anziché sul movimento da eseguire. Per atleti con poca esperienza il programma di allenamento sarà più lungo rispetto a chi ha un ampio bagaglio di abilità atletiche, in grado di elaborare in modo più veloce e preciso la rappresentazione mentale di ciò che deve svolgere e che saprà, quindi, utilizzare ciò che conosce per la costruzione di nuove abilità. Anche in questo caso la situazione di partenza fa la differenza in termini di tempo per apprendere nuove abilità.

Nella *coordinazione fine,* la rappresentazione degli stimoli è maggiormente selettiva e precisa. L'attenzione è centrata sul movimento e non sul risultato. Il movimento si manifesta coordinato con un accrescimento nella precisione. Si raggiunge una certa stabilità esecutiva la quale, per essere ulteriormente migliorata, dovrebbe essere esercitata in diverse situazioni in modo tale da consentire un utilizzo stabile ed efficace del movimento. In questo caso i tempi di apprendimento variano in funzione al compito ed alle difficoltà esecutive. L'attività dovrebbe essere intensa e basata soprattutto sulla concentrazione e sull'attenzione all'esecuzione motoria.

La *stabilizzazione* dell'abilità motoria è determinata da una ricezione ed elaborazione delle informazioni molto precisa e finalizzata, dalla padronanza tecnica che porta ad una rappresentazione mentale anticipatoria rispetto ai movimenti da eseguire. Il movimento risulta automatizzato, stabile e controllato, adattabile alle più svariate situazioni. L'attenzione sarà posta sugli aspetti specifici dell'azione.

3.2 Allenamento ed equilibrio

L'equilibrio viene definito come la capacità di mantenere o recuperare una posizione in cui il baricentro si trova all'interno del poligono d'appoggio. Quindi, per definire e comprendere cos'è l'equilibrio, è necessario conoscere il significato di *baricentro* e quali sono i poligoni d'appoggio virtuali. Nell'uomo il baricentro cambia, seppure di poco, in relazione alla posizione. In stazione eretta si inquadra in linea all'ombelico ma, modificando un segmento nello spazio (ad esempio gamba o braccio esteso), questo s'innalza dal 4 al 10%. Il *poligono d'appoggio* è rappresentato dalla superficie compresa fra i diversi punti di contatto con il suolo. Alle diverse forme del poligono d'appoggio corrispondono equilibri funzionali alle diverse sollecitazioni. Ad esempio, il poligono d'appoggio in una posizione eretta con gambe leggermente divaricate e piedi paralleli, è dato da un trapezio virtuale, che si potrebbe inquadrare in una posizione di riposo. Invece, laddove vi fossero sollecitazioni sul piano frontale e sagittale, esse saranno maggiormente gestite sul piano dell'equilibrio con i piedi paralleli, uno più avanzato rispetto all'altro, a costruire un ipotetico rettangolo virtuale come piano d'appoggio.

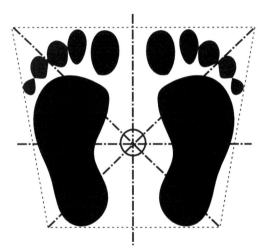

A livello anatomico, per l'equilibrio sono fondamentali le funzioni del cervelletto a cui arrivano:

☐ le informazioni provenienti dal labirinto vestibolare che, situato nell'orecchio interno, registra le accelerazioni e gli spostamenti della testa nelle tre direzioni spaziali;
☐ le informazioni registrate dalla vista;
☐ le informazioni registrate dai propriocettori articolari e muscolari che informano sulla posizione del corpo e sul grado di tensione dei muscoli, nonché dai pressocettori principalmente dei piedi, che offrono la sensazione di appoggio.

Le risposte del circuito efferente sono per lo più organizzate in modo involontario; ciononostante, esse possono essere affinate attraverso l'allenamento.

Nel Freestyle distinguiamo l'equilibrio dinamico, l'equilibrio statico e l'equilibrio in volo.

L'*equilibrio statico* è strettamente correlato alla base d'appoggio: quando essa è più piccola, ad esempio in equilibrio su un piede, per mantenere l'equilibrio vi sarà una maggior richiesta di energia. Gli *equilibri dinamici* si sviluppano durante le azioni. Negli *equilibri in volo*, in cui manca il messaggio dei pressocettori, il baricentro si sposta e il punto d'atterraggio sarà determinato esclusivamente al momento dello stacco dal terreno secondo il principio della conservazione della traiettoria. Da ciò si comprende che in volo la componente della spinta rimane costante, mentre la componente verticale soggetta alla legge della caduta dei corpi, si annullerà al vertice della traiettoria, determinando una caduta uniformemente accelerata. In questi termini, con l'allenamento, potranno essere migliorate l'elevazione in salto e la fase di atterraggio.

Tutti gli esercizi atti a migliorare l'equilibrio mirano a potenziare i sistemi propriocettivo ed

esterocettivo: i primi servono ad affinare le percezioni afferenti ed incrementare la sensibilità di adattamento del movimento. I secondi vengono depotenziati al fine di concentrarsi maggiormente sulla propriocettività, eseguendo ad esempio un esercizio ad occhi chiusi.

Nel TaeKwonDo l'equilibrio spirituale viene espresso in ogni sua forma.
Se l'equilibrio fisico può essere rappresentato dai poligoni eseguiti in ogni specifica posizione come negli esempi qui riportati, nelle poomsae l'equilibrio interiore si pone ai massimi livelli di espressione nel disegno che si compone al suolo.

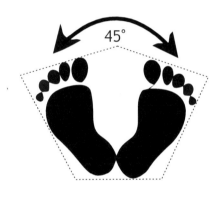

CHARYOT SEOGI
Posizione di saluto
Distribuzione del peso: 50% - 50%
Angolo dei piedi: entrambi 45°
Posizione delle gambe: tese

MOA SEOGI
Posizione chiusa
Distribuzione del peso: 50% - 50%
Angolo dei piedi: paralleli uniti
Posizione delle gambe: tese

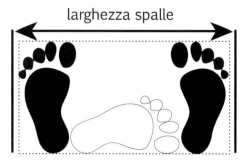

NARANHI SEOGI
Posizione parallela
Distribuzione del peso: 50% - 50%
Angolo dei piedi: paralleli
Posizione delle gambe: tese
Distanza tra i piedi: 1 piede

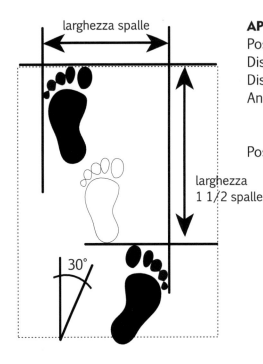

AP SEOGI
Posizione lunga
Distribuzione del peso: 50% - 50%
Distanza fra i piedi: 1 piede
Angolo dei piedi: anteriore dritto
                              posteriore verso
                              l'esterno di 30°
Posizione delle gambe: anteriore piegata
                                 posteriore tesa

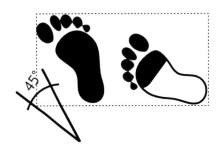

DWI KOA SEOGI
Posizione incrociata all'indietro
Distribuzione del peso: 90% dx - 10% sx
                              il piede sx poggia
                              sulla palla del piede
Angolo dei piedi: anteriore dx 45°
Posizione delle gambe: entrambe piegate

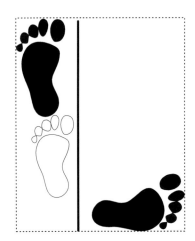

WEN SEOGI
Posizione laterale sinistra
Distribuzione del peso: 50% - 50%
Angolo dei piedi: anteriore dritto
                              posteriore 90° esterno
Posizione delle gambe: entrambe tese
Distanza fra i piedi: 1 piede

3.3 Allenamento alla Forza Esplosiva ed alla Velocità d'Esecuzione

La forza esplosiva e la velocità di esecuzione del gesto atletico sono di fondamentale importanza nel Freestyle, permettono di eseguire rapide accelerazioni che precedono e seguono repentine decelerazioni, improvvisi cambi di direzione e di ritmo e salti verticali ed in profondità.

La forza esplosiva è determinata sia dalla forza massimale sia dalla forza iniziale, cioè dalla capacità di utilizzare al massimo la forza all'inizio della contrazione, ed infine dalla forza accelerante, cioè dalla capacità di aumentare la tensione durante l'esecuzione dell'esercizio.

Quindi, per migliorare la forza esplosiva e raggiungere la sua massima espressione genetica, occorre prima di tutto incrementare i livelli di forza massimale e successivamente trasformarla in forza veloce. C'è però da considerare che, per gli allenamenti atti a migliorare la forza massimale, risulta impossibile mantenere per molti mesi consecutivi livelli massimali di prestazione. L'allenamento ideale, laddove le competizioni risultassero collocate a distanza di brevi periodi, prevede la necessità di 6–8 settimane di allenamento precompetitivo tre volte alla settimana, alternato da un adeguato recupero. Nel caso in cui, invece, le competizioni fossero numerose per periodi di tempo prolungati, sarebbero consigliabili allenamenti sull' 85-90% del massimale: il workout atto a migliorare la forza esplosiva potrà essere eseguito in sessioni bisettimanali, consentendo di intervenire efficacemente sia sulle componenti neuromuscolari che su quelle metaboliche.

L'allenamento alla velocità si può attuare solo su gesti perfettamente automatizzati. Si potrà quindi eseguire un esercizio velocemente, solo quando si avrà completa e corretta conoscenza del gesto.

La velocità di esecuzione di un esercizio è fortemente condizionata da fattori di coordinazione neuromuscolare. Ci si può allenare al fine di migliorare la velocità di esecuzione attraverso programmi specifici con esercizi eseguiti alla massima intensità, per tempi brevi e recuperi completi. L'esecuzione non dovrà superare i 7-8 secondi al massimo, al fine di ottenere il massimo rendimento performativo ed energetico, tutto ciò evitando, quindi, la formazione di lattato muscolare. I recuperi completi non causeranno l'affaticamento neuromuscolare che, altrimenti, provocherebbe una conseguente riduzione del tempo di trasmissione degli impulsi ed una conseguente esecuzione dell'esercizio rallentata rispetto all'obiettivo prefissato.

Per saperne di più

Valutazione della forza esplosiva degli arti inferiori

Per valutare il grado di efficienza della forza esplosiva, ossia la capacità del sistema neuromuscolare di muovere il corpo e le sue parti alla massima velocità possibile, si può utilizzare il test di Sargent. Tale stima dovrà essere effettuata prima di iniziare il programma di allenamento e ripetuta a distanza di tre mesi circa per valutare i miglioramenti della forza esplosiva degli arti inferiori ed offrire un feedback alla qualità dell'allenamento stesso.
L'esecuzione del test prevede di far appoggiare il soggetto da valutare a fianco di un muro ad una distanza di pochi centimetri. Al soggetto si chiederà quindi di estendere un braccio verso l'alto e si misurerà la distanza dalle punta delle dita al suolo. Quindi, senza precaricare gli arti inferiori, ma chiedendo di flettere le ginocchia a formare un angolo di 90°, si chiederà al soggetto di effettuare un salto, al massimo dell'altezza raggiungibile. A questo punto si rileverà la misura dell'altezza del salto al suolo. Il punto di massima altezza sarà segnato dal tecnico sul muro.
Ottenute le due misurazioni:

A = distanza dal suolo al punto massimo di altezza con il braccio teso
B = distanza dal suolo al punto massimo raggiunto con il salto

Sarà quindi calcolato il valore C:

$C = B - A$

E si userà la seguente tabella per interpretare il valore C
Per soggetti maschi con età superiore ai 18 anni:

C > 70 cm	= eccellente
C da 61 a 70 cm	= ottimo
C da 51 a 59.9 cm	= buono
C da 43 a 50.9 cm	= sufficiente
C < 43 cm	= insufficiente

Per le donne sopra i 18 anni i valori valutativi sopra indicati vanno diminuiti di 10 cm.

Capitolo 4
STRETCHING E MOBILITÀ ARTICOLARE

Quando si parla di Stretching non si può prescindere dal definire che cos'è la mobilità articolare o flessibilità. Questa viene definita come *la capacità delle singole articolazioni di effettuare il movimento al massimo dei limiti fisiologici*, cioè quel punto oltre al quale l'articolazione non può andare. Il principio cardine da riconoscere, quando si parla di mobilità articolare, è che essa dipende dallo stato dei muscoli e non dalle articolazioni, quindi da fattori muscolari e connettivali. È proprio la sinergia tra muscoli agonisti ed antagonisti a determinare il buon funzionamento delle articolazioni, in particolare delle enartrosi, cioè le articolazioni mobili a forma emisferica. Le articolazioni della spalla e dell'anca, ad esempio, sono in grado di effettuare movimenti di flessione, estensione, adduzione e abduzione, rotazione. Ciò non toglie che esistono distretti anatomici che presentano delle limitazioni fisiologiche, quali per esempio le articolazioni del gomito e del ginocchio, dove il freno osseo segna il limite fisiologico (un'estensione massima di 180°). Inoltre, ad incidere sul livello di mobilità articolare vi sono i fattori:

☐ *Età*: con il tempo il tessuto muscolare e le fasce connettivali tendono a fibrotizzare perdendo quindi di elasticità;
☐ *Genere*: le donne sono favorite rispetto al maschio per la loro conformazione anatomica strutturale;
☐ *Temperatura*: il freddo risulta un fattore ostacolante;
☐ *Stile di vita*.

L'allenamento della mobilità articolare si realizza secondo due diverse modalità: con esercizi attivi e passivi. Negli attivi il movimento si definisce con il lavoro attivo dei muscoli agonisti che obbligano all'allungamento dei gruppi muscolari opposti antagonisti a sopportare la tensione prodotta da tale lavoro. La mobilità passiva si ottiene in condizione di rilassamento con l'ausilio di una forza esterna come la forza di gravità. Il settore degli esercizi passivi riguarda proprio la metodologia dello Stretching.

4.1 Regole da seguire nello Stretching

Lo Stretching trova la sua realizzazione attraverso posizioni condotte gradualmente al massimo della disponibilità muscolo-tendinea evitando il riflesso miotatico, permettendo quindi al muscolo oggetto dell'allungamento, di mantenere la tensione eccentrica. Ad esempio, nello Stretching statico attivo il soggetto porta il movimento alla sua escursione massima, ossia fino a sentire la percezione di tensione, mai di dolore; mantiene la posizione (10 secondi *tensione facile*) e successivamente aumenta gradatamente l'allungamento (da 15 a 20 secondi, *tensione di sviluppo*). Infine aumenta il tempo di tenuta in relazione al livello raggiunto ed all'esercizio eseguito. Nella flessione del busto con gambe estese, ad esempio, la durata della tensione sarà di 60 secondi, verranno eseguite tre serie in successione a circuito, la respirazione sarà profonda e l'intensità della tensione dovrà essere massima senza dolore.

Prima regola
Nello Stretching la prima regola da seguire riguarda il rilassamento ed il controllo della respirazione. Come già detto a livello anatomico, tutti noi abbiamo due modalità respiratorie: toracica e addominale. Se ci si concentra un attimo e si prova a respirare prima a livello toracico e poi addominale, ci si rende subito conto che la respirazione toracica genera una certa tensione dovuta appunto al fatto che vi sono le strutture ossee della gabbia toracica ad apporre una certa resistenza.
Tecnicamente, il diaframma (il muscolo sul quale poggiano i polmoni) si abbassa nella fase di inspirazione, determinando un aumento del diametro verticale del torace, mentre la contrazione dei muscoli intercostali esterni determina un aumento del diametro antero-posteriore e traverso del torace. Nella fase espiratoria, il diaframma ed i muscoli intercostali esterni si rilasciano e diminuiscono i diametri. Quando si respira a livello addominale, dove non vi sono strutture ossee, non si avvisa quello stato di tensione prima descritto perché il diaframma, spingendo verso il basso, non trova resistenza. Ciò determina la possibilità di atti respiratori profondi, resi visibili dalla caratteristica dilatazione della cavità addominale durante l'inspirazione. Ebbene, nell'esecuzione degli esercizi di Stretching bisogna utilizzare entrambe le due forme di respirazione, ma in momenti diversi: nella fase attiva, in cui si tende a raggiungere il massimo stiramento del muscolo, bisogna respirare a livello toracico; nella fase passiva bisogna respirare a livello addominale, affinché si possa percepire solo la tensione dovuta alla corretta esecuzione dell'esercizio.
Solo in questo modo il risultato sarà efficace.

Seconda regola
La seconda regola importante riguarda la correttezza della posizione. Sarà quindi necessario conoscere i principali distretti muscolari, le terminazioni tendinee e le articolazioni sui quali di volta in volta si lavora, tenendo in considerazione che la posizione del corpo deve rispettare le caratteristiche anatomiche sulle quali agisce l'esercizio. Coinvolgere nel movimento altri gruppi muscolari ridurrebbe notevolmente l'efficacia dello stiramento. Bisogna quindi arrivare alla posizione finale gradatamente senza rimbalzare, perché si attiverebbe altrimenti il riflesso miotatico in cui il muscolo si difende contraendosi anziché allungandosi in rilassamento. Bisogna quindi concentrarsi sulla sensazione e rilassarsi per raggiungere lo stato di tensione nell'allungamento senza mai provare dolore.

Terza regola
È consigliabile eseguire almeno 5 minuti di riscaldamento prima di praticare lo Stretching come sedute di allenamento specifiche.

Quarta regola
La quarta regola concerne il rilassamento e la concentrazione: nessun esercizio di Stretching praticato in maniera svagata o distratta può portare a risultati positivi. Bisogna altresì avere la consapevolezza che l'aumento della mobilità articolare è un processo graduale, che i gruppi muscolari dovrebbero essere allenati alternativamente, e che lo stretching deve essere praticato dopo il carico sportivo.

4.2 Tecniche utilizzate nella pratica dello Stretching

Stretching facile e di sviluppo
Le diverse tecniche di Stretching dovrebbero essere utilizzate in progressione secondo la condizione fisica di partenza e secondo un obiettivo prefissato. Ad esempio, se non si è allenati, le varie strutture anatomiche sembrano sempre ostacolarsi nel compiere uno specifico movimento. Ciò si verifica perché il tessuto connettivo che ricopre i muscoli e le articolazioni, in assenza di attività, tende ad indurirsi limitando la possibilità di escursione delle articolazioni.
In tal caso si dovrà porre una particolare attenzione all'esecuzione degli esercizi, che dovranno seguire una progressività di tensione da *facile* a *di sviluppo*, dove il livello facile di tensione è estremamente individuale: allungarsi fino a quando si sente la tensione che, respirando regolarmente e rimanendo immobili, si ridurrà. Se ciò non avvenisse, vuol dire che la tensione è troppa e bisognerà diminuirla. La fase di sviluppo prevederà un aumento del tempo di tenuta valutato individualmente, un aumento delle ripetizioni (2 o 3) e una pausa tra un esercizio ed un altro.

Stretching statico passivo
Nello Stretching statico passivo l'allungamento del muscolo si ottiene grazie all'applicazione di una forza esterna, sia essa l'aiuto di un istruttore che interviene attivamente per facilitare lo stiramento con una pressione delicata, o sia eseguito con l'ausilio di alcuni attrezzi specifici. Chi compie

l'esercizio deve essere rilassato e non deve partecipare attivamente al raggiungimento dei diversi gradi di *range of motion*.
Per gli atleti, ogni incremento del range passivo deve essere supportato da un programma attivo.
Viene per l'appunto preferita come tecnica quando l'estensibilità del muscolo sottoposto allo stiramento sia limitata dall'azione dei muscoli antagonisti e dal tessuto connettivo.
E' estremamente vantaggiosa qualora la muscolatura agonista risultasse debole per poter svolgere un determinato compito, permettendo un allungamento superiore ad uno svolto con una tecnica attiva.
Avendo sempre cura di non eccedere con la tensione muscolare, è possibile effettuare sessioni di durate variabili a seconda di quanti e quali distretti muscolari allenare. Tipicamente, per i gruppi maggiori (gambe e glutei), si può esercitare una tensione intensa per un tempo nell'ordine al massimo di 40 secondi-1 minuto, mentre per gruppi di dimensioni minori il tempo relativo si aggira al massimo attorno ai 30 secondi. Questi tempi sono suscettibili di variazioni a seconda della struttura muscolare, della massa e della condizione fisica.

Stretching statico attivo
Lo Stretching statico attivo consiste nell'assumere e mantenere una posizione allungando il muscolo interessato per un tempo di 20-30 secondi senza l'aiuto di un partner.
Questo tipo di allungamento prevede due fasi: una prima fase di preallungamento, in cui si assume la postura lentamente, inspirando prima del movimento ed espirando durante il movimento, per raggiungere la posizione voluta e mantenerla per una durata di non più di 10 secondi, senza raggiungere il massimo allungamento del muscolo interessato. Nella seconda fase di sviluppo, si porta il muscolo interessato al massimo allungamento, senza oltrepassare la soglia del dolore, inspirando prima del movimento ed espirando durante il movimento. Assunta la posizione di massima estensione, si mantiene per circa 20 secondi.

Stretching isometrico
Lo Stretching isometrico è una tecnica che comporta la contrazione isometrica della muscolatura sottoposta ad allungamento. Si assume la

posizione di Stretching passivo desiderata, si effettua una contrazione isometrica contro una resistenza esterna inamovibile per un periodo dai 7-15 secondi, si rilassa il muscolo contratto in precedenza per almeno 20 secondi. E' efficace per lo sviluppo della flessibilità statico-passiva.
Si distingue in:

- **PNF** (*Proprioceptive Neuromuscolar Facilitation* o "Facilitazione propriocettiva neuromuscolare"). E' composto da 4 fasi: allungamento massimo, contrazione isometrica di circa 15-20 secondi (in posizione di allungamento), rilassamento di circa 5 secondi, allungamento del muscolo contratto in precedenza per almeno 30 secondi.
- **CRAC** (*Contract Relax Agonist Contract* o "Contrazione, rilassamento e contrazione dei muscoli antagonisti"). Nella fase finale dell'allungamento i muscoli antagonisti si contraggono a quelli che si stanno allungando, per sfruttare il fenomeno dell'inibizione reciproca che facilita il rilassamento del muscolo agonista.
- **CRS** (*Contract Relax Stretch* o "Contrazione, rilassamento e stretching"). Questo sistema è basato su una contrazione isometrica del muscolo di 10-15 secondi seguita da un rilassamento di 5 secondi e un successivo allungamento.

Stretching dinamico
Lo Stretching dinamico si realizza facendo oscillare gli arti o il busto, ma in maniera controllata e lenta. Il movimento consiste nello slanciare in una determinata direzione arrivando a sfruttare gradatamente tutta l'ampiezza concessa dall'articolazione, evitando l'effetto rimbalzo. Esso è importante per il condizionamento della reattività neuromuscolare e dell'elasticità articolare. È possibile praticare tecniche di Stretching dinamico durante la fase di riscaldamento, ma anche nell'intervallo di tempo immediatamente precedente l'esecuzione di tecniche specifiche. Si consigliano 12 ripetizioni di ogni movimento allo scopo di attivare i riflessi dei recettori e modificarne la soglia.
Lo Stretching dinamico può anche essere praticato come allenamento a sé. In tal caso è possibile eseguire quante serie si vogliono, arrivando al limite della stanchezza prima di fermarsi (il vincolo più stringente è sempre la stanchezza del gruppo muscolare più debole, e quindi più a rischio di infortuni).

Di solito, per raggiungere i migliori risultati, sarebbe opportuno eseguire due allenamenti al giorno: in pochi mesi di allenamento si raggiungerà il massimo grado di allungamento.

Stretching dinamico di forza
Nello Stretching dinamico di forza gli esercizi consistono in alte ripetizioni e bassi carichi di movimenti. Essi sono effettuati dal distretto muscolare che si vuole allenare con lo Stretching e vanno sempre eseguiti al massimo grado di apertura concesso da ogni singola articolazione, in modo lento. Con il tempo si vedrà aumentata la resistenza muscolare e la forza del tessuto connettivo associato al muscolo. Tali esercizi consentono un buon sviluppo della forza e della flessibilità.

In questa sede si è volutamente evitato di parlare dello Stretching balistico, cioè l'allungamento con molleggio, in quanto è fortemente sconsigliato nel Freestyle Poomsae per la sua alta percentuale di rischio di trauma da stiramento muscolare.

Per un approfondimento e programmi specifici di allenamento, vi rimandiamo al testo: "*Elimina la tensione con lo Stretching Progressivo*", della collana "*In Forma con Elektra*".

Per saperne di più:
Stretching e Proprioceptive Neuromuscolar Facilitation
(Facilitazione Neuromuscolare Propriorecettiva)

E' la forma di Stretching in cui viene indotto il rilasciamento muscolare tramite una stimolazione programmata o selettiva dei propriorecettori generali. Costituisce una combinazione tra lo Stretching passivo e quello isometrico. Questa tecnica si differenzia per le azioni che il soggetto realizza all'apice dello stato di tensione, e viene definita appunto tecnica del "contrai e rilassa".

La modalità di tensione prevede all'inizio un allungamento passivo in cui il muscolo viene contratto per un periodo che varia tra i 7-10 secondi, dopodiché si interrompe la contrazione e si fa rilassare il muscolo per 2-3 secondi, per poi sottoporlo ad una tensione passiva che allunga il muscolo oltre al punto di allungamento passivo iniziale. Questa posizione finale viene mantenuta per 10-15 secondi. La sequenza di tensioni e rilassamento va ripetuta più volte.

E' una tecnica che prevede l'ausilio di un assistente ed è spesso usata in ambito riabilitativo terapeutico. Motori portanti di questa tecnica sono i propriorecettori che trasmettono al Sistema Nervoso Centrale tutte le informazioni provenienti, in ogni istante, dal sistema muscolo-scheletrico. Queste informazioni permettono la percezione anche ad occhi chiusi, di estensione o piegamento di un arto, di inclinazione del capo o del busto e via dicendo. I propriorecettori sono situati nei muscoli e nei tendini: nei muscoli prendono il nome di fusi neuromuscolari, nei tendini si definiscono organi tendinei del Golgi. Il lavoro di Stretching dei propriorecettori si basa sugli effetti inibitori regolati dai fusi neuromuscolari e dagli organi del Golgi nei confronti del sistema muscolo-tendineo. Questo rilasciamento produce un aumento della flessibilità.

I propriorecettori si trovano altresì nei legamenti e nelle capsule articolari: essi sono stimolati dal movimento e dalla posizione degli stessi e offrono informazioni continue sulla posizione del corpo rispetto allo spazio e delle parti del nostro corpo rispetto alle altre. Offrono informazioni al cervello, regolano i riflessi e controllano il tono muscolare e la postura.

Le fibre dei fusi neuromuscolari che si trovano all'interno del muscolo e vengono denominate intrafusali sono avvolte da una capsula connettivale e vengono suddivise in due gruppi relativamente al compito che svolgono: le fibre a catena nucleare rispondono ad allungamenti lenti, costanti e mantenuti; le fibre a sacco nucleare rispondono ad allungamenti rapidi.

La propriorecettività andrà ad interessare parametri quali posizione, movimento, forza, velocità, accelerazione e coordinazione. Quando il muscolo si allunga, il fuso muscolare registra il cambiamento di lunghezza e la velocità con cui avviene ed invia segnali all'area del midollo spinale corrispondente.

Nello specifico, i fusi neuromuscolari sono innervati dai motoneuroni-gamma delle corna anteriori del midollo spinale. A livello afferente i fusi possiedono due tipi di terminazioni. Le primarie, ossia le fibre anulospirali che hanno una soglia di eccitazione molto bassa e segnalano le variazioni di lunghezza del muscolo ad una frequenza di scarico proporzionale alla velocità di variazione del muscolo stesso. La stimolazione della via afferente primaria crea l'eccitazione dell'unità motoria del muscolo agonista inibendo l'azione degli antagonisti.

I neuroni afferenti primari possono essere eccitati da stimoli fasici che registrano l'immediato cambiamento di lunghezza e da stimoli tonici che mantengono la posizione all'aumentare del carico. Ci sono poi le terminazioni secondarie o fiorami che registrano i cambiamenti di tensione e di allungamento potenti dando informazioni sulla velocità e l'ampiezza dello stiramento.

La sua soglia di eccitazione è quindi più alta.

4.3 Attento al riflesso miotatico da stiramento

Quando una struttura muscolare non è adeguatamente allenata ad allungarsi, ma viene comunque sollecitata oltre un certo limite, i fusi neuromuscolari attuano un'immediata risposta contrattile per impedire lo stiramento, la cui intensità varia in relazione al carico (una contrazione di difesa del muscolo stesso). È bene ricordare che, più veloce sarà il cambiamento di lunghezza che il fuso registra, più forti saranno le contrazioni riflesse che assolvono ad un importante duplice scopo: proteggere il muscolo da lacerazioni ed evitare che tensioni abnormi sulle articolazioni contigue rendano instabile la struttura articolare (*sublussazioni*).

4.4 Attento al riflesso inverso da stiramento

Questo è un riflesso che si manifesta con un rilassamento del muscolo quando è messo sotto tensione per un protratto periodo di tempo. Gli organi preposti a tale compito sono i *corpuscoli tendinei del Golgi* che si trovano in prossimità delle giunzioni muscolari tendinee ed hanno un'azione inibitrice su tutta la muscolatura interessata nell'allungamento. Intervengono quando lo stiramento muscolo tendineo è associato ad una contrazione muscolare. L'eccessivo stiramento del muscolo o il suo prolungamento stimola gli organi del Golgi che, allo scopo di evitare lesioni muscolari provocano una inibizione del neurone spinale facendo rilasciare il muscolo.

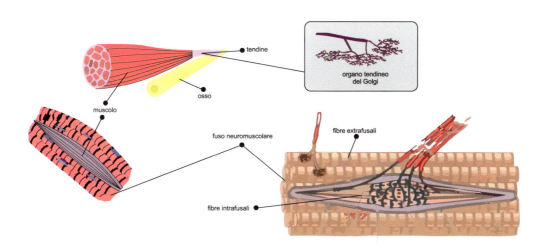

Capitolo 5
FREESTYLE POOMSAE E TAEKWONDO

L'etimologia della parola TaeKwonDo ne spiega la tecnica: *arte del colpire con i calci ed i pugni,* ma il significato è molto più profondo: è un cammino simbolico attraverso la storia e la filosofia della Corea in cui i principi etici, morali e spirituali affondano le loro radici nella cortesia, nell'integrità e nel rispetto di ogni cosa. I termini coreani sono trascritti in lettere latine sulla base della "*Taekwondo Technical Terminology*" disponibile sul sito del Kukkiwon dal 2010 ed aggiornata periodicamente.

5.1 Posizioni, Parate e Colpi

Le **Posizioni**, chiamate "*Seogi*" sono la base fondamentale da conoscere, poiché permettono di apprendere come posizionare correttamente le mani, il bacino, le gambe ed i piedi. Equilibrio, attenzione vigile e prontezza sono le caratteristiche fondamentali di ogni posizione. Esse si distinguono fra *formali* e *attive.* Con le posizioni formali si mette in evidenza la filosofia del TaeKwonDo basata sul rispetto del maestro e degli avversari. Ad esempio citiamo: il *Baro Seogi* o Posizione di riposo, il *Charyot Seogi* o Posizione d'attenti, il *Moa Seogi* o Posizione a piedi uniti. Le posizioni attive invece portano al compimento della tecnica di attacco o difesa che ci si appresta ad eseguire. Vi sono le posizioni di meditazione che consentono di focalizzare l'energia, come per esempio il *Bo Jumok Seogi* in cui il pugno viene coperto con il palmo della mano.

Vi sono, attualmente, oltre un centinaio di posizioni e, nella crescita della conoscenza della disciplina, è necessario apprenderle gradualmente tutte. Nelle competizioni del Freestyle assume particolare valore il saluto alla giuria: si assume la postura "*Gibon Jun bi*", una posizione di partenza con i piedi paralleli. Si portano le mani aperte fino al livello del plesso solare e, quando si espira, entrambi i pugni dovranno essere al livello del bacino. Dopo l'ordine "*Charyot*" si adotta la posizione "*Charyot Seogi*", posizione di saluto, avvicinando il piede sinistro al destro. L'inchino avviene all'ordine "*Kyong Ye*", il busto si inclina in avanti di trenta gradi. Durante l'inchino si ripetono ad alta voce le parole "*Tae Kwon*". Risalire inspirando è il primo esercizio di respirazione e di autocontrollo corporeo: una volta eseguito l'inchino, si torna alla posizione di "*Charyot Seogi*" e si attende l'ordine successivo. La musica inizierà con il comando "*Jun bi*" del coordinatore e la performance avrà inizio.

Charyot Seogi   **Kyong Ye**   **Gibon Junbi**

Alcune delle principali posizioni

Apgubi Seogi = Pos. frontale
Ap Koa Seogi = Pos. incrociata frontale
Ap Seogi = Pos. frontale corta
Beom Seogi = Pos. della Tigre
Bojumeok Junbi Seogi = Pos. a pugno coperto
Cha Ryot Seogi = Pos. di attenti
Dwitgubi Seogi = Pos. arretrata
Gyeotdari Seogi = Pos. assistita
Hakdari Seogi = Pos. su un solo piede
Jaktari Seogi = Pos. della grù
Joon Bi Seogi = Pos. di saluto
Juchum Seogi = Pos. del cavallo
Koa Seogi = Pos. incrociata
Kyorugi Seogi = Pos. da combattimento
Moa Seogi = Pos. chiusa
Mo Seogi = Pos. diagonale
Narani Seogi = Pos. parallela
Ogum Seogi = Pos. della grù all'indietro
Tuit Koa Seogi = Pos. incrociata laterale
Wen Ap Seogi = Pos. della mano sinistra
Yeop Seogi = Pos. laterale

**Tongmilgi Junbi Seogi
(Open hands pushing forward ready stance)**

Bojumeok Junbi Seogi (Covered Fist Ready Stance)

Hakdari Seogi (Crane Stance)

Beom Seogi (Tiger Stance)

Wen Ap Seogi (Left Hand Stance)

Le **Parate**, in coreano "*Makki*" vengono insegnate ed apprese lasciando un'adeguata libertà di scelta all'allievo affinché egli affini le proprie mosse perfezionando la flessibilità e le capacità istintive individuali. Richiedono esercizio costante e determinazione. La posizione delle mani può essere: raccolte, a pugno o dritte. Il lavoro sinergico di spalla, avambraccio, polsi e mani permette di parare potenti colpi diretti nei vari distretti corporei: testa, torace, addome, plesso solare, fianchi e genitali. L'area d'impatto di difesa si troverà nella zona esterna ulnare e radiale.

Arae Makki (Underneath Block)

Batangson Olgul An Makki (Palm Hand Middle Block)

Sonnal Momtong Makki (Double Knife Hand Block)

Nei **Colpi**, definiti "*Chighi*" e praticati con le mani, hanno particolare rilievo la posizione dei polsi, delle nocche e delle dita, al fine di evitare traumi alle articolazioni ed alle ossa. Tale possibilità di traumi non si verifica nel Freestyle, in quanto gli eventuali colpi sono solo simulati. Nel TaeKwonDo si distinguono:

- **Colpi con la Mano** (*Chigi*), tutti i tipi di tecniche offensive con la mano eccetto pugni, colpi con la punta delle dita e con i piedi;
- **Colpi con il Pugno** (*Jirugi*), che prevede una mano perfettamente chiusa con il pollice sulle falangi di indice e medio ed il polso perfettamente dritto.

Sonnal Olgul Bakkat Chigi (Hand Blade Outward Strike)

Momtong Bandae Jireugi (Mid Section Front Punch)

Pyojeok Jireugi (Target Punch)

5.2 L'arte del colpire con i Calci

Nella tecnica del TaeKwonDo hanno particolare rilievo i calci, in coreano *Chagi*, che acquisiscono maggior valore se eseguiti ad altezza della testa, in salto o con rotazione.

Nell'esecuzione di un calcio, bisogna calcolare la distanza e l'altezza della gamba tesa rispetto all'altezza del braccio, il tutto con la valutazione contemporanea del grado di potenza esprimibile alle varie distanze. Risulterà quindi di fondamentale importanza la posizione del corpo e quella del piede con le dita, che dovranno essere tese ed unite nella tecnica di combattimento, mentre saranno flesse verso il dorso nell'esecuzione delle forme. Di fatto, acquisire in modo ottimale le forme dei calci, prevede un'esecuzione univoca e precisa dei movimenti. Non sarà opportuno eseguire tale preparazione durante il combattimento, in quanto si darà all'avversario l'indicazione atta a preparare la parata adeguata. Ciò comporta che in combattimento la fase preparatoria all'esecuzione di qualsiasi calcio non corrisponde a quella eseguita nell'esecuzione delle forme.

Il punto d'impatto cambia in relazione alla tecnica che viene posta in essere. Si può colpire con la pianta del piede, con il dorso (nei *Roundhouse Kicks*), con la parte laterale del piede (a lama), con le falangi delle dita ed infine con la parte posteriore del tallone (nei *Calci Hook*).

Per quanto riguarda l'esecuzione, nella maggior parte dei calci la gamba si eleva compiendo un arco. Esempi ne sono il *calcio circolare, a mezzaluna,* il *calcio axe* e il *calcio frontale* in cui il piede posto in direzione del bersaglio compie un arco, utilizzando il ginocchio sollevato come punto di perno. Vi sono però, alcuni calci che utilizzano un movimento a spinta lineare come il *calcio laterale* o il *calcio all'indietro*.

Nel TaeKwonDo sono numerosi i calci che si sviluppano nella tecnica. Essi si distinguono in calci di base, che devono essere ben appresi per poi essere utilizzati e perfezionati nelle loro varianti: ad esempio, non si può apprendere un *Tornado 720°* se non si sa eseguire un *Tornado 360°*.

Perfezionare un salto vuol dire associarlo a tecniche sempre più avanzate che necessitano di un buon allenamento.

Il calcio può essere eseguito **con il salto** al fine di aumentare l'altezza del calcio stesso, con due varianti: l'elevazione è data dalla gamba che affonda il calcio come nel frontale, oppure una gamba spinge in elevazione e l'altra sferra il calcio, come nel laterale.

Una variante del calcio con salto è il **calcio in volo**, che necessita di una piccola rincorsa per essere eseguito al fine di mantenere velocità, forza e potenza, sia in verticale che in orizzontale.

I calci **rotanti** prevedono una rotazione preparatoria, al fine di incrementare la forza esplosiva. In base al numero di rotazioni che esegue il corpo, si distinguono in 360°, 540,° 720° e 900°.

I calci si differenziano poi per la velocità di esecuzione e per la potenza. I calci veloci sono eseguiti con il piede principale e non con il posteriore in appoggio e non hanno una grande possibilità di sviluppare potenza, poiché hanno meno slancio. Gli Skip invece, richiedono un movimento di skip della gamba posteriore.

In base all'altezza del calcio, esso viene considerato alto se raggiunge il livello della testa e basso se raggiunge la cintura.

Inoltre i nomi dei calci sono generalmente corrispondenti alla direzione del movimento della gamba: il calcio frontale, *Ap Chagi*, prevede l'esecuzione del movimento verso l'alto; il calcio *axe* prevede un movimento verso il basso; il calcio *push* spinge in avanti, così come il *laterale* a lato e il calcio *all'indietro* prevede un movimento posteriore. Vi sono poi i calci *crescent* (a mezzaluna) che formano un arco e si distinguono in base alla posizione del piede. Avremo quindi una mezzaluna verso l'esterno se il piede è rivolto verso l'esterno nel punto di battuta e viceversa verso l'interno.

Il calcio circolare può essere eseguito in senso orario o antiorario e può prevedere una posizione ad uncino all'indietro della gamba.

Conoscere la tecnica dei calci nel TaeKwonDo permetterà, quindi, di eseguirli correttamente nel Freestyle Poomsae in cui non esistono un combattimento o un avversario reali, bensì saranno rappresentati virtualmente se la performance narrerà un ipotetico combattimento. In questi termini, per migliorare la tecnica dei calci ed eseguirli correttamente si costruirà una sequenza precisa degli stessi, al fine di perfezionare al meglio la transizione di un calcio a quello successivo e sviluppare altresì una memoria a livello muscolare che permetterà di ottimizzare la prestazione.

Generalmente, nel programma di Freestyle di un campionato o di un torneo, viene prescritta la percentuale di calci che dovranno essere eseguiti nella performance, con eventuali indicazioni sull'obbligatorietà di specifici calci.

Di seguito analizzeremo i principali calci del TaeKwonDo e di conseguenza del Freestyle Poomsae, oltre ad alcuni calci acrobatici derivati dalla disciplina del Tricking, e verrà esplicitata la specifica posizione del corpo in ogni singolo istante al fine di svilupparne la corretta esecuzione performativa.

Ap Chagi (Front Kick)

L'esecuzione del *Calcio Frontale* prevede:

1. Sollevare il ginocchio della gamba che calcia in direzione dell'obiettivo frontale, mentre la gamba d'appoggio dovrà essere portata in una leggera flessione all'altezza dell'articolazione del ginocchio.
2. Mantenere la caviglia della gamba che calcia in linea con la gamba.
3. Raddrizzare la gamba per sferrare il calcio. La gamba d'appoggio dovrebbe mantenere il peso del corpo sul cuscinetto del piede e non su tutta la pianta ed il piede dovrebbe essere parzialmente extraruotato. Il busto dovrà essere leggermente inclinato all'indietro, una mano portata al petto con il pugno che blocca.
4. Flettere nuovamente il ginocchio puntato verso il bersaglio mentre il piede si abbassa.
5. Estendere la gamba ritornando al punto di partenza.

Twieo Ap Chagi (Jump Front Kick)

Il *Calcio Frontale con salto* è una variante progressiva di un calcio frontale.
Esecuzione:
1. La gamba che non calcia inizialmente flette il ginocchio in aria, elevandosi in salto.
2. Mentre si è in aria, eseguire un calcio frontale.

Twieo Kawi Ap Chagi (Jump Double Front Kick)

Il *Doppio Calcio Frontale in Volo* è una variante di un calcio frontale con salto, a cui manca la rincorsa: l'atleta semplicemente salta e calcia da fermo con entrambe le gambe in contemporanea, divaricandole.

Modum Chagi (Drawing Kick)

Una variante è data dal *Doppio Calcio Frontale in Volo,* in cui il calcio è eseguito contemporaneamente con le due gambe, tenendo i piedi affiancati.

Twimyo Ap Chagi (Flying Front Kick)

Il *Calcio Frontale in Volo* è una variante di un Calcio Frontale. L'esecuzione prevede:

1. Prendere la rincorsa e saltare con la gamba che calcia.
2. Sollevare in aria il ginocchio che non calcia.
3. Estendere la gamba ed eseguire il calcio quando ci si trova a mezz'aria.
4. Atterrare sulla gamba non calciante.

Yeop Chagi (Side Kick)

Un *Calcio Laterale* penetrante viene eseguito facendo compiere al corpo una rotazione laterale, con l'anca leggermente ruotata:

1. Posizionare la gamba che calcia diagonalmente al corpo.
2. Estendere la gamba in modo lineare verso il bersaglio, mentre la gamba che non calcia ruota sul cuscinetto del piede non calciante in modo che esso sia extraruotato rispetto al bersaglio.
3. Eseguire un movimento lineare nello sferrare il calcio, colpire il bersaglio con la parte inferiore del piede o con il tallone. Il piede dovrà essere leggermente extraruotato verso il basso. Il busto sarà leggermente lateroflesso; il braccio della gamba non calciante sarà portato al petto mantenendo il pugno chiuso.

Twimyo Yeop Chagi (Flying Side Kick)

Il *Calcio Laterale in Volo* è una variante di un Calcio laterale. L'esecuzione prevede:

1. Fare un passo e saltare con la gamba che non calcia.
2. Sollevare in aria il ginocchio che calcia.
3. Estendere la gamba ed eseguire il calcio laterale quando ci si trova a mezz'aria.
4. Atterrare sulla gamba non calciante.

Twieo Yeop Chagi (Jumping Side Kick)

Anche il *Calcio Laterale con Salto* è una variante di un calcio laterale. Si esegue come il salto in volo senza fare il passo di rincorsa nell'elevazione, ma sferrandolo sempre a mezz'aria.

Momdollyo Yeop Chagi (Spinning Side Kick)

Un *Calcio Laterale con Rotazione* viene eseguito ruotando all'indietro:

1. Ruotare all'indietro e sollevare la gamba posteriore, usando la gamba anteriore come perno.
2. Raggiungere la posizione per calciare l'obiettivo, sferrare il calcio considerando che il bersaglio si trova alle vostre spalle.
3. La rotazione termina con il vostro calcio e non supera i 180°.

Il calcio laterale con rotazione compare nella forma *Pyongwon*.

Twimyo Dwi Chagi (Flying Back Kick)

Un *Calcio all'Indietro in Volo* è una variante di un calcio all'indietro con salto. Per eseguirlo bisogna:

1. Prendere una piccola rincorsa.
2. Saltare in aria ruotando di 180° in modo da dare la schiena al bersaglio.
3. Calciare linearmente.

Twieo Dwi Chagi (Jumping Back Kick)

Un *Calcio all'Indietro con Salto* è una variante di un calcio all'indietro, in cui si salta in aria durante l'esecuzione del calcio.

1. Porsi di fronte al proprio obiettivo.
2. Ruotare testa, braccia e busto dal lato della gamba che calcia (rotazione di 180°).
3. Abbassarsi leggermente flettendo le ginocchia al fine di prendere lo slancio per il salto, mantenendo il capo ruotato verso la spalla del piede che calcia per non perdere il contatto visivo con l'obiettivo.
4. Saltare in alto e calciare linearmente all'indietro, senza compiere archi.

Dollyeo Chagi (Roundhouse Kick)

Per eseguire un *Calcio Circolare* bisogna:

1. Alzare il ginocchio della gamba che calcia, in modo che il ginocchio si rivolga verso il bersaglio, come con un calcio frontale.
2. Ruotare sulla punta del piede non calciante, la cui anca si sposta leggermente verso l'alto, affinché il corpo sia orientato di lato verso il bersaglio. Il piede non calciante è in direzione opposta al bersaglio.
3. Il braccio della gamba non calciante si avvicina al corpo con il pugno chiuso.
4. Estendere quindi la gamba per sferrare il calcio, compiendo un arco parallelo al suolo. Mantenere la caviglia in estensione, in linea con la gamba e le dita, colpendo con la parte superiore del piede. Il colpo sarà sferrato dalla parte bassa del cuscinetto del piede.

Narae Chagi (Double Roundhouse Kick)

Il *Doppio Calcio Circolare* viene anche chiamato *Calcio Alato* perché ricorda lo sbattere delle ali.

1. Eseguire innanzitutto un Calcio circolare con la gamba posteriore.
2. Prima che il piede sia riappoggiato a terra, alzare la gamba anteriore fino a eseguire un altro calcio rotante, ruotando completamente i fianchi prima per un calcio e poi per l'altro. La mancata torsione dei fianchi potrebbe far assomigliare questo calcio ad un doppio calcio frontale. Sarà proprio tutto questo movimento a garantire la potenza del secondo calcio.

45° Dollyeo Chagi (Diagonal Kick)

Un *Calcio Diagonale* (chiamato anche *Calcio Rotante di 45°*) è come un calcio circolare parziale. Il corpo non è completamente rivolto lateralmente al bersaglio mentre colpite. Si inizia la rotazione, ma ci si mantiene parzialmente di fronte all'avversario: non è potente come un calcio circolare, ma è più veloce. Un calcio diagonale con salto è una variante di un calcio di diagonale, eseguito saltando ed effettuando un calcio diagonale a mezz'aria.

Nabee Chagi (Butterfly Kick)

Un *Calcio Farfalla* è un elemento di acrobatica in volo dove si esegue una rotazione del corpo mantenendo il busto e le gambe il più possibile paralleli al suolo.

E' anche considerato un calcio in volo in rotazione dove si va a colpire il bersaglio con la pianta o il tallone della seconda gamba lanciata.

Si tratta essenzialmente quindi di un salto orizzontale in cui una gamba viene ruotata fino a diventare orizzontale in quota, e di seguito l'altra gamba calcia, quasi in automatico, atterrando infine sulla stessa gamba da cui si è partiti.

Biteureo Kawi Chagi (B-Twist)

Un *B-Twist* (abbreviazione di *Butterfly Twist*) è un movimento del Tricking originario dell'arte marziale Wushu. Si compone di una torsione di 360° in aria mentre il corpo rimane orizzontale.

Per eseguirlo correttamente, è necessario essere in grado di eseguire bene il Butterfly Kick e possedere una buona preparazione nell'esecuzione dell'acrobazia Twist (½ giro e salto giro in avanti raggruppato). Si slancia una gamba alle proprie spalle e, quando si raggiunge la massima altezza, si esegue una rotazione di 360°. Al termine della rotazione si atterra sul piede non calciante.

Biteureo Dollyeo Kawi Chagi (B-Twist Round Kick)

Un *Calcio B-Twist con calcio rotante* richiede la conoscenza del B-Twist, a cui va aggiunto un calcio rotante in volo al termine della rotazione o prima dell'atterraggio.

Bandal Chagi (Crescent Kick)

Esistono due varianti del *Calcio a Mezzaluna* o *Calcio Crescente*: formare con la gamba un arco verso l'esterno oppure verso l'interno.

Esecuzione del Calcio a Mezzaluna verso l'esterno
1. Flettere la gamba che colpirà con il ginocchio puntato a sinistra o a destra del bersaglio.
2. Sferrare il calcio eseguendo un arco con la gamba che parte dal centro del corpo e si muove verso l'esterno in modo che si calci con il piede a lama.

Calcio a mezzaluna all'interno
1. Flettere la gamba che colpirà con il ginocchio puntato a sinistra o a destra del bersaglio.
2. Sferrare il calcio eseguendo un arco con la gamba che inizia il movimento da un punto laterale al corpo e si muove verso l'interno in modo che si calcerà con il bordo interno del piede.

Dolgae Chagi (Tornado Kicks)

Il *Tornado Kick* si presenta in diverse versioni in relazione al numero di rotazioni che esegue il corpo prima di colpire il bersaglio. Distinguiamo quindi:

- ☐ **360° Calcio Tornado**
- ☐ **540° Calcio Tornado**
- ☐ **720° Calcio Tornado**

Generalmente il 360° ed il 540° sono eseguiti come dei normali Roundhouse Kicks (che colpiscono il bersaglio con la parte superiore del piede), ma le varianti di questi calci possono essere effettuate anche come Crescent Kicks (che colpiscono il bersaglio con l'interno del piede) e Calci Hook (che colpiscono il bersaglio con la parte posteriore del tallone).

360° Dolgae Chagi (360° Tornado Kick)

☐ La posizione di partenza e la finale sono frontali all'obiettivo
☐ Si eseguirà una sola rotazione del corpo su se stesso
☐ Se lo slancio parte con la gamba destra
  - si calcia con la gamba destra
  - si atterra sulla gamba sinistra

Nella versione più classica, che prevede di colpire l'obiettivo con la parte superiore del piede destro, la posizione sarà la seguente:

1. Spostare la gamba sinistra in avanti, di fronte al bersaglio.
2. Fare un passo in avanti con la gamba destra, lo sguardo si sposta a sinistra e le mani chiuse a pugno proteggono il corpo.
3. Eseguire la rotazione verso sinistra, sollevando in aria prima il ginocchio sinistro con la gamba in posizione flessa, rimanendo ancora in piedi sulla gamba destra.
4. La posizione della testa permetterà di eseguire correttamente il calcio, dovrà quindi guardare indietro sopra la spalla sinistra.
5. Ruotare sulla gamba destra con tutto il corpo ed il ginocchio sinistro sempre flesso.
6. Saltare dandosi la spinta con la forza esplosiva della gamba destra.
7. Colpire il bersaglio con la gamba destra e dopo atterrare sulla sinistra.

540° Dolgae Chagi (540° Tornado Kick)

☐ La posizione di partenza è frontale all'obiettivo
☐ Nella posizione finale l'obiettivo sarà alle spalle
☐ Si eseguirà una rotazione e mezza del corpo su se stesso
☐ Se lo slancio parte con la gamba destra
  - si calcia con la gamba destra
  - si atterra sulla gamba destra

La differenza principale tra i calci 360° e i 540° è la gamba su cui si atterra. Per il 360°, si atterra sulla gamba che non calcia. Per il 540° ci si lancia in aria con la gamba che calcia e si atterra sulla medesima, con la schiena rivolta all'obiettivo. Si effettua una rotazione di 540°. Come prima, va eseguito un passo in avanti con il piede destro per iniziare la rotazione.

720° Dolgae Chagi (720° Tornado Kick)

- La posizione di partenza e la finale sono frontali all'obiettivo
- Si eseguiranno due rotazioni del corpo su se stesso
- Se lo slancio parte con la gamba destra
  - si calcia con la gamba sinistra
  - si atterra sulla gamba sinistra

La differenza principale tra un calcio 720° e un 360° o un 540° è che si sferra il calcio con la gamba che non dà lo slancio. Ad esempio, se ci si slancia con la gamba destra, si calcia con la gamba sinistra. Da ciò si evince che non è possibile eseguire un Roundhouse, ma piuttosto si può fare un calcio Crescent passivo o un calcio Hook.

Esecuzione del 720° eseguendo il calcio con la gamba destra:

1. Fare un passo per acquisire forza esplosiva, iniziare la rotazione verso sinistra con la gamba destra e sollevarsi in aria con la gamba destra.
2. Continuare lo slancio della gamba destra verso sinistra per aumentare la quantità di forza e di movimento angolare.
3. In prossimità del punto più alto del salto, estendere la gamba destra verso il basso per aumentare il tempo di sospensione.
4. Completare la rotazione caricando la gamba sinistra per sferrare il calcio.
5. Sferrare il calcio con la gamba sinistra ed atterrare sulla gamba destra. Ci si troverà di fronte all'obiettivo.

900° Dolgae Chagi (900° Tornado Kick)

Esecuzione del 900° eseguendo il calcio con la gamba destra:

☐ La posizione di partenza è frontale all'obiettivo, mentre si termina il calcio dandogli le spalle
☐ Si eseguiranno due rotazioni e mezza del corpo su se stesso
☐ Se lo slancio parte con la gamba destra
  - si calcia entrambe le volte con la gamba destra
  - si atterra sulla gamba sinistra

Naeryeo Chagi (Axe Kick)

Un *Calcio Axe* è un calcio in cui si calcia verso il basso con una gamba estesa.
Nella maggior parte dei calci del TaeKwonDo è previsto il piegamento del ginocchio come componente essenziale del caricamento del calcio, ma ciò non avviene nel Kick Axe.
Esecuzione:

1. Tenere estesa la gamba che calcia e slanciarla verso l'alto, leggermente a lato del bersaglio designato (ciò distinguerà le due versioni dell'Axe dall'esterno all'interno o dall'interno all'esterno come nei Crescent Kicks).
2. Quindi slanciarla con forza verso il basso sull'obiettivo.

Twimyo Naeryeo Chagi (Flying Axe Kick)

Un *Calcio Axe in volo* è una variante del calcio Axe classico. Si salta con la stessa gamba che calcia, anticipando il salto con qualche passo di rincorsa per aumentare l'effetto della forza esplosiva.

Twieo Naeryeo Chagi (Jumping Axe Kick)

Un *Calcio Axe con Salto* è una variante di un Axe Kick in cui si salta nel calcio (simile a un calcio frontale con salto).

Gawi Chagi (Scissors Kick)

Un *Calcio con Sforbiciata* è un calcio laterale con salto (Yeop Chagi), eseguito simultaneamente con un calcio Twist con salto (Biteureo Chagi). Il presupposto è che si stia combattendo con due avversari contemporaneamente.

Mireo Chagi (Pushing Kick)

Un *Calcio con Spinta* è un calcio in cui si tenta di spingere l'avversario con la parte inferiore del piede. Esecuzione:

1. Flettere il ginocchio della gamba che calcia verso l'alto prima di puntare al bersaglio.
2. Estendere la gamba, spingendosi in avanti e sferrando il calcio. La superficie d'urto può essere il cuscinetto del piede, l'intera parte inferiore del piede, o il tallone del piede, a seconda dell'altezza del bersaglio.

Step over hook kick

Uno Step Over Hook è la combinazione di un Tornado e un Hook kick effettuati con le gambe opposte. L'atleta carica la gamba che salta, effettua un calcio rotante con l'altra gamba e poi un calcio hook prima di atterrare sulla gamba che ha calciato il rotante.

Narabong

Il Narabong è sostanzialmente una combinazione di calci in volo: un calcio Tornado seguito da un calcio hook rotante che colpisce nuovamente il bersaglio prima di atterrare sul primo piede calciante.

Flash Kick

Un calcio in cui si esegue un *Backflip* (Salto giro indietro raggruppato) seguito da un calcio frontale. Quando si esegue il Flash kick, è fondamentale spingere le anche prima d'iniziare a calciare. Il calcio frontale va eseguito nel momento in cui si è completamente a testa in giù, con la "*gamba flash*" ancora estesa e che punta verso l'alto ("*posizione flash*").

Double Flash Kick

Tecnica basata sulla *Ruota* e sul *Backflip* che prevede l'esecuzione di due calci in volo, atterrando sulla gamba che sferra il secondo calcio. L'atleta, non appena è in elevazione, effettua il primo calcio con la gamba con cui non si atterra e procede immediatamente a completare il secondo calcio.

Twimyo Yeop e Dollyeo Chagi (Flying Side and Round Kicks)

A conclusione di questa rassegna di calci, ricordiamo che è ovviamente possibile effettuare combinazioni di più calci. Fondamentale, in questo caso sarà la cura della transizione fra i due calci.

Un esempio di grande impatto coreografico è l'unione di un calcio laterale ed uno rotante in volo.

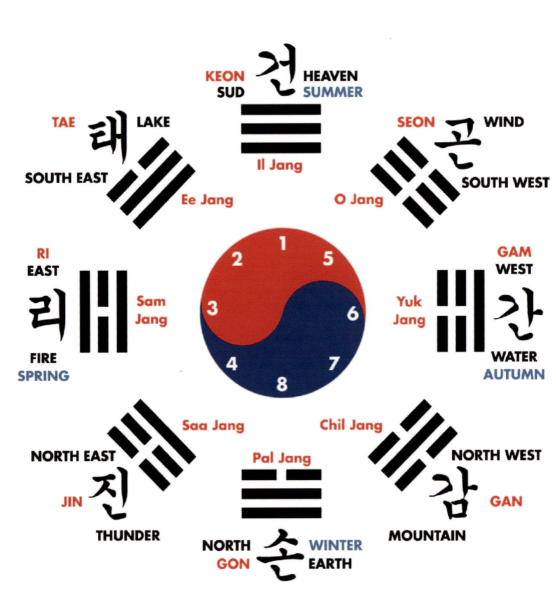

5.3 Le Poomsae

Le forme sono una serie di tecniche di braccia, calci e passi codificati e rappresentano dei combattimenti immaginari. I termini Coreani *hyeong, pumsae* e *teul* (traducibili con "forma" o "struttura") sono tutti utilizzabili per riferirsi alle forme delle arti marziali coreane, come il Taekwondo. A seconda della federazione, inoltre, le forme possono essere definite *taegeuk* per la WTF o *teul* per la ITF.

Le Poomsae nascono per rappresentare ogni elemento della natura. La loro prima codifica risale agli anni '70 ad opera della KTA, ed oggi la WTF ne riconosce 17, curate, codificate e aggiornate dal Kukkiwon. Una delle peculiarità più affascinanti delle Poomsae è la costruzione di sequenze di movimenti che rappresentano un disegno virtuale sul pavimento: le 9 forme base *"Taegeuk"* sono costruite attorno a trigrammi dei *I Ching,* mentre ai maestri viene chiesto di rappresentare caratteri cinesi di particolare rilevanza nelle 8 forme *Yudanja* riservate alle Cinture Nere.

L'I-Ching è il Libro dei Mutamenti, antico testo di divinazione cinese che spiega che gli 8 trigrammi, (*gwe*), sono i fattori che originarono il mondo: *Keon, Tae, Yi, Jin, Seon, Gam, Gan, Gon*. Essi rappresentano il cielo, il lago, il tuono, il vento, l'acqua, la montagna e la terra. Simboleggiano altresì la rosa dei venti: sud, sudest, est, nordest, sudovest, ovest, nordovest e nord.

I trigrammi sono simboli formati da tre linee, intere o spezzate che, utilizzati in combinazione, formano i 64 esagrammi dell'I-Ching. I Taegeuk utilizzano come diagramma le linee dei trigrammi. Ciò fa comprendere come ogni movimento debba essere curato nel dettaglio fin dai primi apprendimenti: i trigrammi, costruiti in linee chiuse (lo yang), e linee aperte (lo yin): rappresentano l'equilibrio perfetto tra Terra e Cielo. Come già evidenziato, l'acquisizione delle forme cresce parallelamente alla preparazione dell'allievo e viene evidenziata dalla conquista delle cinture. Nelle competizioni di Freestyle generalmente viene prescritto il numero di poom, solitamente non superiore a 20-24, e viene altresì specificato a quanti movimenti al massimo deve corrispondere la composizione di un poom. La costruzione tecnica della performance richiede specifiche e appropriate competenze sulle parate, i colpi ed i calci del TaeKwonDo, in quanto vengono richieste tecniche specifiche di attacco e difesa, generalmente specificate in percentuali diverse. Ad esempio, le linee guida WTF del Concorso Freestyle Poomsae del 7° Campionato del Mondo di Poomsae prescrivevano il 60% di tecniche di piede ed il 40% di tecniche di mano.

태극 1장 Taegeuk Il-jahng
乾 ☰ Keon

Tra i Taegeuk *Il Jang* rappresenta il trigramma *Keon* (tre linee intere). Il trigramma Keon a sua volta simboleggia il principio della creazione di tutte le cose nell'universo. Ad esso difatti sono associati i seguenti elementi: il *Cielo,* inteso come *Paradiso* meglio rappresentato dall'*Aria* (*Yang*), il *Sud* ed il *Padre*. La forma è eseguita per il passaggio da 9° KUP a 8° KUP, cioè da cintura bianco-gialla a cintura gialla. Si compone di 18 movimenti che permettono lo sviluppo e l'apprendimento delle tecniche di base quali:

- Posizione di Camminata (Walking Stance)
- Posizione frontale (Front Stance, chiamata anche Long Stance)
- Parata bassa (Low Block)
- Parata all'interno (Inside block o Middle Block)
- Parata alta (High Block)
- Pugno a mezza altezza (Middle Punch)
- Calcio frontale (Front kick o Front Snap Kick)

태극 2장 Taegeuk EE-jahng
☱ Tae

Lo YI Jang, rappresenta il trigramma Tae (terza linea spezzata). A sua volta il trigramma Tae simboleggia la fermezza interiore e la dolcezza esteriore, ed é associato l'elemento del Lago, del Sud - Est, e della figlia minore: la gentilezza. Nelle profondità del lago sono custoditi tesori e misteri.

I movimenti di questo Taegeuk vogliono consolidare il principio di perseveranza inteso come consapevolezza che ogni uomo possiede dei limiti ma che, con la dovuta integrità e con l'adeguato impegno, questi limiti possono essere superati: la gioia realizzata dal controllo, intesa in senso più profondo come autocontrollo e determinazione del proprio futuro.

La forma è eseguita per il passaggio da 8° KUP a 7° KUP, cioè da cintura gialla a cintura giallo-verde ed è composta da 23 movimenti che permettono lo sviluppo e l'apprendimento del Pugno alto (High punch).

태극 3장 Taegeuk Sam-jahng

Il Sam Jang, rappresenta il trigramma Ri (seconda linea spezzata). A sua volta il trigramma Ri simboleggia il calore e la lucentezza, associati gli elementi fuoco e sole. Rappresenta anche l'Est, e la seconda figlia: la verità e la passione.

Il fuoco contiene una grande quantità di energia che aiutava l'uomo a sopravvivere, ma poteva provocare anche effetti catastrofici.

Questo Taegeuk dovrebbe essere eseguito ritmicamente, con delle esplosioni di energia e dovrebbe incoraggiare i praticanti a nutrire un sentimento di onestà e passione per l'allenamento.

La forma è eseguita per il passaggio da 7° KUP a 6° KUP, cioè da cintura giallo-verde a cintura verde ed è composta da 29 movimenti che permettono lo sviluppo e l'apprendimento delle tecniche quali:

- ☐ Back stance
- ☐ Knifehand middle block
- ☐ Knifehand neck strike

태극 4장 Taegeuk Sa-jahng

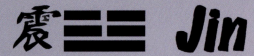

Il Sa Jang, rappresenta il trigramma Jin (seconda e terza linea spezzata). A sua volta il trigramma Jin simboleggia la calma di fronte al pericolo, l'autocontrollo ed é associato all'elemento Tuono. Rappresenta altresì il Nord - Est ed il figlio maggiore (colui che mantiene la calma davanti al pericolo).
Il tuono si genera nel cielo, volteggiando e turbinando, viene poi assorbito dalla terra trasmettendo una grande potenza e dignità.
La forma è eseguita per il passaggio da 6° KUP a 5° KUP, cioè da cintura verde a cintura verde-blu ed è composta da 34 movimenti che permettono lo sviluppo e l'apprendimento delle tecniche quali:

- ☐ Double knifehand block
- ☐ High knifehand block
- ☐ Palm block
- ☐ Spearhand strike
- ☐ Backfist strike
- ☐ Side kick

태극 5장 Taegeuk O-jahng

 **Seon**

Lo Oh Jang, rappresenta il trigramma Seon (prima linea spezzata). A sua volta il trigramma Seon simboleggia la flessibilità e la potenza che si alternano ed é associato all'elemento Vento. Rappresenta altresì, il Sud – Ovest e la figlia maggiore.

Il vento è una forza gentile, ma qualche volta può essere talmente violento da distruggere ogni cosa incontri nel suo cammino. Questa Taegeuk dovrebbe essere eseguita dolcemente, ma consapevoli della capacità di distruzione di ogni singolo movimento, che rappresenta il vento come forza poderosa.

La forma è eseguita per il passaggio da 5° KUP a 4° KUP, cioè da cintura verde-blu a cintura blu ed è composta da 38 movimenti che permettono lo sviluppo e l'apprendimento delle tecniche quali:

- ☐ Cross stance
- ☐ L-Shape Stance
- ☐ Outside block
- ☐ Hammer fist
- ☐ Elbow strike

태극 6장 Taegeuk Yuk-jahng
坎 ☵ Gam

Lo Yuk Jang rappresenta il trigramma Gam (prima e terza linea spezzata). A sua volta il trigramma Gam rappresenta la gentilezza e la distruttività ed é associato all'elemento Acqua. Rappresenta altresì l'Ovest ed il secondo figlio.

L'acqua può spostare una montagna, quindi i movimenti di questa poomsae dovrebbero essere eseguiti come l'acqua: a volte calmi, come l'acqua di un lago, a volte invece come un fiume, esprimendo un fluire costante e mite.

La forma è eseguita per il passaggio da 4° KUP a 3° KUP, cioè da cintura blu a cintura blu-rossa ed è composto da 25 movimenti che permettono lo sviluppo e l'apprendimento delle tecniche quali:

- Outer forearm block
- Double wedge block (chiamata anche Opening block)
- Roundhouse kick

태극 7장 Taegeuk Chil-jahng

Il Chil Jang, rappresenta il trigramma Gan (prima e seconda linea spezzata). A sua volta il trigramma Gan rappresenta l'equilibrio, il movimento e l'immobilità ed é associato all'elemento Montagna. Rappresenta altresì il Nord-Ovest ed il figlio minore.

Le montagne sembreranno sempre maestose, non importa la loro dimensione. Questa poomsae dovrebbe essere eseguita con movimenti maestosi e curati: il suo significato é la meditazione e la fermezza nella consapevolezza del dove e quando fermarsi.

La forma è eseguita per il passaggio da 3º KUP a 2º KUP, cioè da cintura blu-rossa a cintura rossa ed è composta da 32 movimenti che permettono lo sviluppo e l'apprendimento di tecniche quali:

- ☐ Tiger stance
- ☐ Horse stance
- ☐ Lower knifehand block
- ☐ Double block
- ☐ Backfist strike
- ☐ Knee strike
- ☐ Double upset punch
- ☐ Crescent kick

태극 8장 Taegeuk Pal-jahng
坤 ☷ Gon

Il Pal Jang, rappresenta il trigramma Gon (tutte e tre le linee spezzate) che raffigura "Yin" e la Terra, intesi come la radice ed il terreno, ma anche come l'inizio e la fine.

Tutto nasce dalla Madre Terra, cresce e prende energia da essa e ad essa, alla fine ritorna, in essa il ciclo si chiude e ricomincia. Si esalta la passività e il cammino già percorso da altri. Non è una sottomissione, ma integrazione, poiché alla base della vita esiste la forza yang, positiva, e quella yin, negativa. È necessario il corretto bilanciamento ed equilibrio delle due energie. L'una, infatti, non può opporsi o sostituirsi all'altra.

La forma è eseguita per il passaggio da 2° KUP a 1° KUP, cioè da cintura rossa a cintura rosso-nera; inoltre si esegue per il passaggio da 1° KUP a 1°DAN, cioè da cintura rosso-nera a cintura nera 1° DAN, insieme ad altri Taegeuk.

È composta da 32 movimenti che permettono lo sviluppo e l'apprendimento delle tecniche quali:

- Mountain stance
- Jumping front snap kick

Koryo (고려) l'uomo virtuoso
first dan poomsae

Koryo o *Goryeo* (*Corea*) era una dinastia coreana che attorno al 1734 d.C. sconfisse gli aggressori mongoli e unificò la Corea. Tale forma rappresenta proprio il loro spirito e si riflette nei movimenti che rappresentano la forza e l'energia spesi per controllare i Mongoli.

È la prima forma che si impara da cintura nera ed ha un grado di difficoltà nettamente più alto rispetto alle precedenti: presenta una posizione di partenza ed arrivo diversa da tutte le altre forme permettendo di raccogliere tutte le energie mentali e fisiche necessarie all'esecuzione della forma. La linea lungo cui si sviluppa la Poomsae rappresenta una lettera cinese che in coreano significa *uomo virtuoso,* cioè un uomo che ha ormai pienamente acquisito lo spirito marziale proprio del TaeKwonDo. La forma è eseguita per il passaggio da cintura nera 1° DAN a cintura nera 2° DAN.

士 sa

Keumgang (금강) il diamante
second dan poomsae

I movimenti di questa forma sono magnifici e possenti come il monte Keumgang-San, duri ma fragili come il Keumgang-Seok, il Diamante. La linea stessa disegnata dalla Poomsae rappresenta la lettera Cinese corrispondente alla parola *Montagna*. I movimenti sono potenti e ben bilanciati come la dignità di una cintura nera. La forma è eseguita per il passaggio da cintura nera 2º DAN a cintura nera 3º DAN.

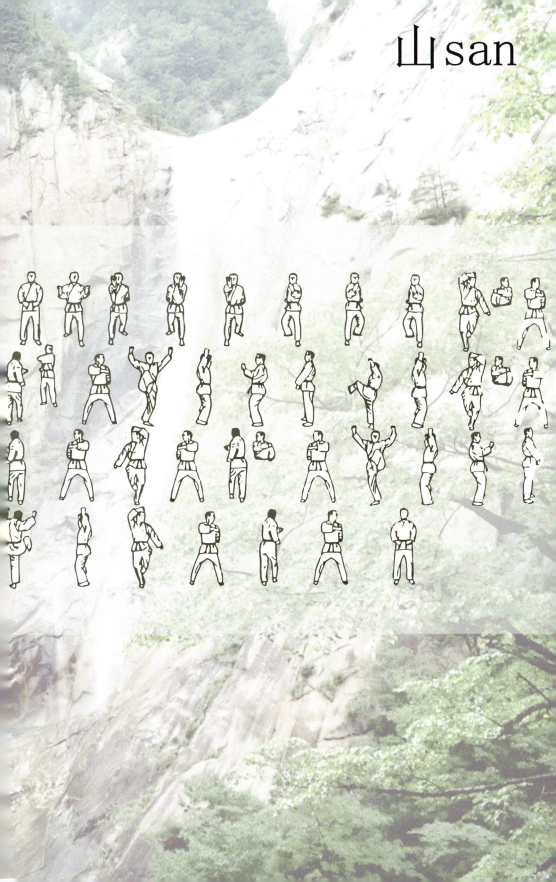

山 san

Taebaek (태백) la montagna brillante third dan poomsae

I movimenti di questa forma sono precisi e veloci. Rappresentano la determinazione e la forza del leggendario Dangoon, che 4300 anni fa fondò la nazione coreana ai piedi della montagna sacra *Taebaek* (oggi chiamata Baekdoo), il monte più maestoso di tutta la Corea. La linea disegnata da questo Poomsae rappresenta una lettera cinese il cui significato è *Ponte tra il Cielo e la Terra*, ma anche *lavoro*. La forma è eseguita per il passaggio da cintura nera 3° DAN a cintura nera 4° DAN.

工 gong

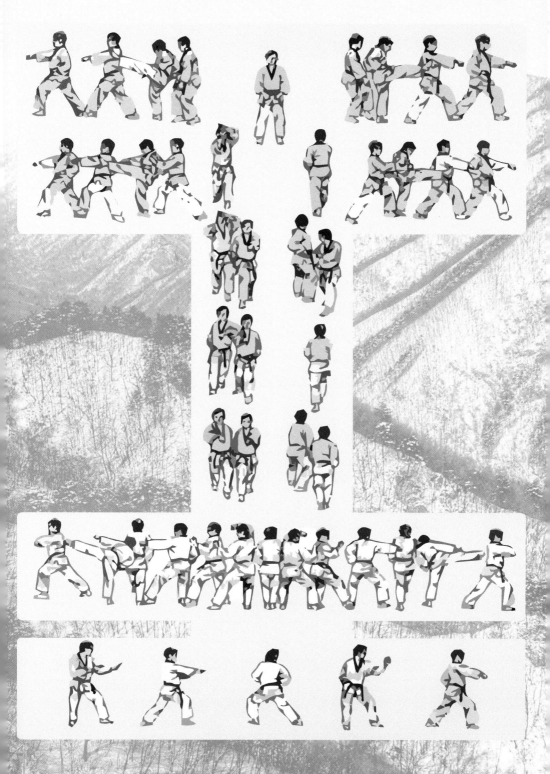

Pyongwon (평원) la vasta pianura fourth dan poomsae

Il termine *Pyongwon*, pianura fertile, rappresenta la grandezza e la maestosità con la quale deve essere eseguita questa forma. Infatti il suo significato è la fonte della vita per tutte le creature ed il luogo dove gli esseri umani vivono la propria vita secondo il principio di Pace. Il carattere ha il significato del numero Uno. La forma è eseguita per il passaggio da cintura nera 4º DAN a cintura nera 5º DAN.

一 il

Sipjin (싶진) la longevità
fifth dan poomsae

Questa è la forma dell'ordine nel caos, della stabilità, della certezza di ciò che si è imparato e acquisito. La parola *Sipjin* deriva dal concetto di *longevità* secondo il quale esistono dieci creature a vita eterna: il Sole, la Luna, la Montagna, l'Acqua, la Pietra, il Pino, l'Erba della gioventù eterna, la Testuggine, il Cervo e la Gru. Essi sono due corpi celesti, due piante, tre animali e tre elementi naturali che infondono in ogni essere umano fede, generosità, amore e speranza. La lettera cinese disegnata dalla linea della Poomsae significa *Dieci* ma anche *Infinito*.
La forma è eseguita per il passaggio da cintura nera 5° DAN a cintura nera 6° DAN.

十 sip

Jitae (지태) la terra
sixth dan poomsae

La parola *Jitae* rappresenta un uomo che sta in piedi sulla terra e che guarda il cielo. Quest'uomo simboleggia la lotta per la vita umana, così come i calci e i salti. Perciò, la Poomsae simboleggia i vari aspetti che accadono nel corso della lotta di ogni essere umano per la propria sopravvivenza. La linea disegnata dalla forma significa *Su* e rappresenta un uomo che sta in piedi pronto a saltare verso il cielo. La forma è eseguita per il passaggio da cintura nera 6° DAN a cintura nera 7° DAN.

上 shang

Cheonkwon (천권) il cielo seventh dan poomsae

La parola *Chonkwon* significa *Cielo, Cosmo, il Grande Possente*: l'origine di tutta la creazione. La sua completezza infinita rappresenta la nascita, il mutamento e la fine.
Più di 9000 anni fa, il fondatore del popolo coreano, Chonkwon, fu inviato dal Re del Paradiso. Egli stabilì sulla terra la città paradisiaca, vicina al mare ed alla montagna, dove il popolo di Han partorì il pensiero e le azioni dalle quali ebbe origine il TaeKwonDo.
I movimenti caratteristici di questa forma sono le ampie e lente azioni di braccia che formano curve gentili, simboleggianti il pensiero di Chonkwon.
La linea disegnata dalla forma è una T che significa *Giù* e rappresenta un uomo che scende dal cielo il quale, sottoponendosi alla sua volontà, lo adora perché esso è la fonte del proprio potere e rappresenta l'unicità tra il cosmo e gli esseri umani.
La forma è eseguita per il passaggio da cintura nera 7° DAN a cintura nera 8° DAN.

下 ha

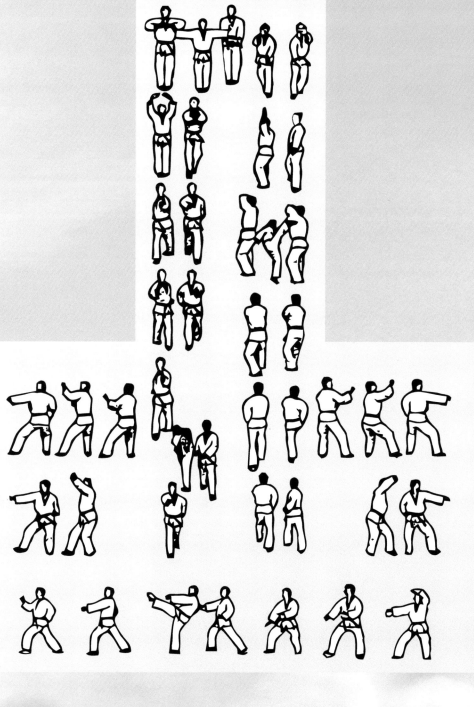

Hansoo (한수) l'acqua
eighth dan poomsae

La parola *Hansu* significa *Acqua,* fonte di ciò che è necessario a preservare la vita e a far crescere tutte le creature. Hansu simboleggia la nascita e la crescita della vita, della forza, della debolezza, della magnanimità, dell'armonia, e dell'adattabilità. La natura dell'acqua è l'inderogabilità e la flessibilità, caratteristiche principali di questa forma.

Le azioni dovrebbero essere eseguite in modo fluido e delicato come l'acqua, ma allo stesso tempo con continuità, come farebbero delle goccioline d'acqua che, unendosi, formano un intero oceano.

La linea disegnata dalla forma simboleggia la lettera cinese che rappresenta l'Acqua.

La forma è eseguita per il passaggio da cintura nera 8° DAN a cintura nera 9° DAN.

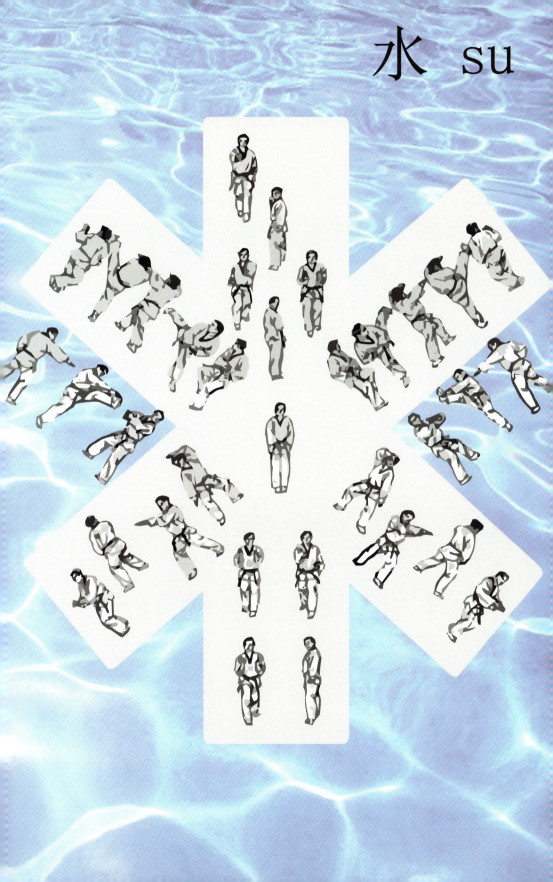

Ilyeo (일여) l'unicità del corpo e della mente ninth dan poomsae

Ilyeo è il nome delle idee portate avanti da Santo Wonhyo, un grande prete buddista appartenente alla dinastia dei Silla. Questo pensiero è caratterizzato dalla filosofia dell'*unicità di Mente* (ente spirituale) *e Corpo* (ente materiale). Insegna che un punto, una linea o un cerchio hanno un fine comune: l'unicità. Perciò, la Poomsae Ilyeo rappresenta l'armonizzazione di spirito e corpo che è l'essenza di un'arte marziale, ciò a cui un allievo dovrebbe arrivare dopo un lungo addestramento sia sui tanti tipi di tecniche, sia sulla cultura spirituale, affinché sia completo l'insegnamento del TaeKwonDo. L'ultimo passo della forma, due pugni che si avvolgono l'uno dentro l'altro di fronte al mento, ha il significato di unificazione e moderazione e fa sì che l'energia spirituale possa fluire liberamente nel corpo attraversando le due mani.

La linea disegnata dalla forma, rappresenta un simbolo buddista che non ha nulla a che fare con il significato attribuitogli in seguito dai nazisti e dalla cultura occidentale.

Tale simbolo era usato nella commemorazione di Santo Wonhyo e significa *Ogni Cosa,* uno stato di abnegazione perfetta nel Buddismo, dove origine, sostanza e servizio entrano in congruenza.

La forma è eseguita per il passaggio da cintura nera 9º DAN a cintura nera 10º DAN.

卍 man

Capitolo 6
LE AZIONI ACROBATICHE

Si definisce acrobatica l'arte e la tecnica degli esercizi ginnici che prevedono una fase di volo. *"Quando un ginnasta ruota libero da vincoli, il prodotto del suo momento di inerzia e della sua velocità di rotazione resta costante, indipendentemente da qualsiasi eventuale intervento muscolare"*.
Si definisce in tali termini la **Legge della conservazione del momento angolare**, con la quale si spiegano gli avvenimenti della fisica dall'istante in cui l'atleta abbandona il vincolo del suolo. Ad esempio: se il momento d'inerzia si dimezza, la velocità di rotazione raddoppia; se l'inerzia triplica, la velocità di rotazione si riduce di un terzo. Dato che l'inerzia può essere modificata variando l'atteggiamento del corpo, se ne ricava che si può modificare, attraverso l'allenamento, la velocità di rotazione in volo. Risulta quindi necessario, nel Freestyle Poomsae, elaborare la successione di posizioni, caratterizzata dai valori che nel momento d'inerzia devono essere minori rispetto all'asse di giro. Quindi, prima d'iniziare qualsiasi allenamento di acrobatica, è indispensabile conoscere i valori di inerzia dell'atleta rispetto agli assi baricentrali.
Compreso ciò, può iniziare l'allenamento, che dovrà essere graduale e coordinato da un maestro di acrobatica.
Il presupposto principale prevede di apprendere i salti mortali in avanti ed indietro, dopo aver appreso la tecnica della ruota e prima ancora quella della capovolta in avanti ed indietro.

Nel Freestyle Poomsae, le principali azioni acrobatiche che possono essere inserite nella performance sono:

Cartwheel (Ruota)

Capovolta laterale a gambe divaricate. Si parte frontalmente alla posizione di arrivo, ci si dà lo slancio sugli arti inferiori per ottenere la propulsione nel senso di rotolamento, ci si spinge poi sugli arti superiori per mantenere l'allineamento dei segmenti corporei. Si atterra frontalmente alla posizione di partenza. Varianti della ruota sono la *ruota con una mano*, la *ruota saltata* e la *ruota spinta*.

Aerial (Ruota senza mani)

La ruota senza la posa delle mani a terra si esegue sfruttando la velocità della rincorsa. Se eseguito correttamente, il movimento delle braccia sopra la testa serve ad aggiungere più elevazione e rotazione all'esecuzione. E' fondamentale dare una spinta con la gamba frontale e completare il movimento con la gamba posteriore mentre è in aria.

Flik Flak avanti

Prima di poterlo eseguire, bisogna aver appreso la tecnica dei rotolamenti in avanti, che consistono in una rotazione del corpo sull'asse trasversale, con appoggio per punti successivi.
Darsi la spinta con gli arti inferiori e completarla slanciando gli arti superiori verso l'alto. Abbassare rapidamente gli arti superiori coinvolgendo anche le spalle. Elevare verso l'alto il bacino e flettere gli arti inferiori con presa tibiale. Mantenere, completare la rotazione, con azione rapida distendere il corpo e cercare la posizione d'arrivo. Presa di contatto con il suolo con gli avampiedi e slanciare verso l'esterno gli arti superiori.

Flik Flak indietro

Sbilanciare indietro il corpo con il dorso curvo e il capo in linea. Spingendo con gli arti inferiori e dandosi slancio con quelli superiori, effettuare la prima fase di volo per arrivare alla posizione di verticale rovesciata. Il contatto delle mani al suolo avviene prima di raggiungere la posizione verticale. Azione rapida di *courbette* (posizione del corpo a cucchiaio o leggermente carpiato in cui si sfrutta l'azione propulsiva delle spalle), per giungere in stazione eretta con dorso curvo e braccia elevate in alto.

Frontflip (Salto giro in avanti raggruppato)

Prima di poterlo eseguire è necessario aver appreso la tecnica dei rotolamenti in avanti.
Darsi la spinta con gli arti inferiori e completarla slanciando gli arti superiori verso l'alto. Abbassare rapidamente gli arti superiori coinvolgendo anche le spalle. Elevare verso l'alto il bacino e flettere gli arti inferiori con presa tibiale. Mantenere, completare la rotazione con azione rapida distendere il corpo e cercare la posizione d'arrivo. Presa di contatto con il suolo con gli avampiedi e slanciare verso l'esterno gli arti superiori.

Backflip (Salto giro indietro raggruppato)

Per eseguirlo, vi deve essere una buona preparazione tecnica dei capovolgimenti all'indietro.
Spingere con gli arti inferiori slanciando gli arti superiori in alto con rapida flessione dei gomiti verso l'alto e omero intraruotato, dorso curvo e mento retratto. Elevare rapidamente il bacino retroverso e gli arti inferiori flessi in direzione avanti-alto, fino a raggiungere la presa tibiale. Mantenere, poi distendere i vari segmenti del corpo prima della presa di contatto al suolo che avviene con gli avampiedi e concludere con lo slancio verso l'esterno degli arti superiori.

Sideflip (½ giro e salto giro in avanti raggruppato)

Conosciuto anche come Twist, per eseguirlo vi deve essere una buona preparazione tecnica del salto giro in avanti raggruppato, l'acquisizione tecnica del mezzo giro e del tuffo.
Spingere con gli arti inferiori slanciando gli arti superiori in alto con rapida flessione dei gomiti verso l'alto e omero intraruotato. Al momento dello stacco, immettersi nella rotazione A/L abbassando il braccio del verso della rotazione, facendo salire velocemente il bacino, avanzando con l'anca opposta al verso di rotazione, arti inferiori flessi, dorso curvo, capo flesso avanti e sguardo rivolto versoi piedi. Favorire la rotazione A/T favorendo con le braccia la presa tibiale. Ricercare la fase di arrivo distendendo il corpo, cercare la fase di contatto al suolo che avviene con gli avampiedi e si conclude con lo slancio verso l'esterno degli arti superiori.

Gainer Flash Kick

Acrobazia derivata dal Tricking in cui si esegue inizialmente un *Backflip* con rincorsa e slancio su una gamba, e si termina con un *Flash Kick*.
Si atterra sulla gamba che calcia.
Richiede padronanza del *Salto Giro Indietro Raggruppato*.

Non bisogna dimenticare che l'azione acrobatica è obbligatoria e deve essere eseguita almeno da un membro laddove si lavori a coppie o in una squadra. Inoltre essa avrà valore nel punteggio dei giudici: verrà assegnato un punteggio più elevato se associata sinergicamente ad un calcio del TaeKwonDo (vedi *scheda di valutazione arbitrale*, in appendice).

Capitolo 7
LE REGOLE DEL FREESTYLE TAEKWONDO E LA VALUTAZIONE NELLE COMPETIZIONI COSA SARÀ VALUTATO, PUNTEGGI E PENALITÀ

Riferimenti bibliografici:
WTF FREE STYLE POOMSAE SCORING GUIDELINES
Dr.-Ing. Nuri M. Shirali (Arbitro Internazionale WTF)
Febbraio 2014

WTF POOMSAE COMPETITION RULES & INTERPRETATION
19 Marzo 2014

All'interno delle regole definite dal Comitato Poomsae WTF, viene enfatizzata la creatività e l'integrazione armoniosa delle diverse tecniche di TaeKwonDo con la scelta della musica appropriata per una coreografia studiata ad hoc in una performance.
Considerato che ogni competizione viene coordinata da linee guida specifiche, studiate e divulgate proprio per dar a tutti coloro che volessero partecipare la possibilità di prepararsi adeguatamente, qui si vogliono prendere in considerazione le linee guida elaborate nel febbraio e nel marzo 2014 che considerano le regole normative del 7° e 8° Campionato Mondiale e le linee guida disponibili sul sito ufficiale della WTF. Ciò al fine di far capire quali sono i criteri valutativi di una performance di Freestyle poomsae.

Costruire una performance nel Freestyle Poomsae impone di porre particolare attenzione a due componenti: le prescrizioni che prendono forma da tutte le caratteristiche regolamentari definite nelle linee guida della WTF, preparate ad hoc in prospettiva di ogni specifico campionato o torneo, e le regole definite ed obbligatorie per tutte le competizioni. Partendo da questi due requisiti, la differenza performativa, definita poi nel punteggio finale, sarà valutata nel rispetto di tali prescrizioni, nel giudizio sulla competenza tecnica acquisita e dimostrata, dando rilievo alla presentazione coreografica in particolare per quanto concerne l'aspetto creativo, filosofico ed espressivo - emozionale di ogni singolo atleta.

Le prescrizioni obbligatorie sono:

☐ L'obbligo tecnico-agonistico delle componenti formative e performative del TaeKwonDo
☐ La compilazione della scheda tecnica
☐ L'uniforme del partecipante
☐ L'ampiezza dell'area di gara
☐ La durata della performance
☐ La suddivisione degli atleti per età
☐ L'inserimento delle componenti di acrobatica associate al TaeKwonDo
☐ L'obbligo della musica

Le linee guida che vengono definite ad ogni campionato riguardano:

☐ La percentuale dell'uso della tecnica dei calci e delle Poomsae
☐ Le specificazioni concernenti i calci che devono essere inseriti nella performance
☐ Le indicazioni sul numero massimo di poom per ogni poomsae
☐ La definizione del punteggio attribuibile e delle riduzioni dello stesso per penalità rispetto alla competenza tecnica, secondo le regole del TaeKwonDo
☐ La definizione del punteggio sull'acrobatico
☐ La definizione del punteggio attribuibile alla coreografia in merito alle componenti: creatività, armonia ed espressività - emozionalità.

NB: i tipi di calcio per valutare il livello di difficoltà nelle tecniche di piede sono scelti dal Comitato Poomsae WTF di anno in anno.

Definite quindi le componenti prescrittive, si passerà alla costruzione autonoma della performance, che permetterà ad ogni atleta di esprimere e rappresentare le proprie competenze, ma anche di raccontarsi, di dimostrare la propria crescita interiore attraverso la libertà di scegliere il tema, la musica e la disposizione dinamica delle componenti tecniche.
In questi termini prenderanno forma la pace e l'equilibrio interiore, i simboli della filosofia del TaeKwonDo, cuore di questa giovane e dinamica arte marziale coreana.

Le prescrizioni obbligatorie

1. L'obbligo tecnico-agonistico delle componenti formative e performative del TaeKwonDo

Il Freestyle Poomsae nasce proprio dalla tecnica del TaeKwonDo e ad esso dev'essere associato in tutte le componenti tecniche, filosofiche ed agonistiche. Come vedremo, anche l'aspetto acrobatico sarà valutato positivamente nel punteggio finale. Se esso sarà associato ad una componente tecnica del TaeKwonDo, vi sarà un ulteriore punteggio positivo.

2. La compilazione della scheda tecnica

La scheda tecnica è il biglietto da visita fondamentale di ogni campionato, in quanto permette di sintetizzare in forma scritta tutto ciò che ogni atleta auspica di rappresentare nella propria performance.
Si riporta nella pagina successiva un esempio di scheda tecnica in un campionato di Freestyle Poomsae.

3. L'uniforme del partecipante

Il partecipante deve indossare un'uniforme da gara Poomsae riconosciuta dalla WTF: il Dobok.

4. Area di gara

L'area di gara è di 10m x 10m per competizioni individuali e coppie. Per gare a squadre miste, l'area è di 12m X 12m.
Tali dimensioni sono state studiate per offrire lo spazio necessario agli atleti per poter esprimersi in modo aperto e dinamico. Ciononostante, nell'esecuzione di calci con salto o in volo saranno prescritti e vincolati il numero massimo di passi previsti per la rincorsa prima del salto, oltre i quali si sarà soggetti a penalità.

5. Durata della Performance

La performance dura dai 60 ai 70 secondi al massimo. Secondi aggiuntivi prevedono il conteggio di una penalità.
L'ingresso dell'atleta, il saluto all'inizio ed alla fine e la valutazione del punteggio non sono conteggiati nei 60-70 secondi durante i quali sarà presentata l'esibizione.

Esempio di Freestyle Poomsae performance plan

CAMPIONATI ITALIANI POOMSAE 2015
(Catanzaro, 14-15 novembre 2015)
FREE STYLE PERFORMANCE PLAN

Nome dell'Associazione	A.S.D. Taekwondo Free Spirit Trieste (FITA n° T0603008)
Titolo del Free style Poomsae	Il ruggito della tigre bianca
Numero di membri del team	1 (Maschio)
Nome dell'atleta	DAVIDE TURILLI
Nome della Musica	Within Temptation – Our solemn hour
Categoria	Individuale - Maschile
Contatto (nome / email)	Carlo Turilli / turilli.team@gmail.com

Soggetto:	Un giovane atleta si concentra prima della gara: ripassa mentalmente le forme e l'acrobatica, le tecniche apprese in anni di duro lavoro. Il saluto segna l'inizio della performance, nel corso della quale egli è in grado di dimostrare tutto il suo talento e la sua abilità; in un crescendo di difficoltà, si fa strada verso la realizzazione del suo sogno, ed è così che il "ruggito" di vittoria finale lo consacra "pioniere" del freestyle in Italia.

	Programma della Performance
Calci laterali (Side kick)	Tre passi di rincorsa e side-kick in volo (Twimyo Yeop Chagi) con calcio di piede destro ad altezza volto.
Calci frontali (Front kick)	1 front kick (Ap Chagi) con salto e calcio ad altezza volto. 3 front kicks (Ap Chagi) alternati (dx-sx-dx) con salto e calcio ad altezza volto.
Calci rotanti	360° Tornado kick ad altezza volto. 540° Tornado kick oltre la testa. 720° Tornado kick oltre la testa.
Numero di calci consecutivi	3 side kicks (Yeop Chagi) consecutivi con il piede destro ad altezza volto. 3 side kicks (Yeop Chagi) consecutivi con il piede sinistro ad altezza volto.
Azioni acrobatiche	Ruota con salto mortale indietro con doppio calcio in volo. Spaccata con calcio a terra. Aerial backside con 900° Tornado kick. Jump Double Front Kick (Twio Kawi Ap Chagi)
Punto chiave della prestazione	Elevato numero di acrobazie con calcio TKD, molti esercizi di combattimento con alternanza fra tecniche di piede e di mano. Armonia nella transizione tra forme black belt ed acrobazie, equilibrio, integrità, perseveranza, autocontrollo e spirito indomito

6. Divisioni per età e numero dei componenti
Gli atleti sono suddivisi in due classi: under 17 (dai 12 ed i 17 anni) e over 17+ (oltre i 17 anni).
Inoltre le esibizioni potranno essere individuali (con un solo partecipante), a coppie o a squadre. Le squadre prenderanno forma mista, divisa in 2 maschi e tre femmine o viceversa, con possibilità di una riserva.

7. Obbligo del saluto in entrata ed uscita
Entrati nell'area di gara e posizionatisi al centro, si assumerà la posizione *Narani Jun bi Sogi*, letteralmente "posizione a piedi paralleli di partenza"; dopo l'ordine *Charyot* si esegue la posizione *Charyot Sogi,* il saluto, avvicinando il piede sinistro al destro. L'inchino avviene all'ordine *Kyong Ye*, il busto si inclina in avanti di trenta gradi.
Durante l'inchino si ripete ad alta voce *Taekwon*.
Risalire inspirando è il primo esercizio di respirazione e di autocontrollo corporeo. Una volta eseguito l'inchino, si torna alla posizione di *Charyot Sogi* e si attende in questa posizione l'ordine successivo. La musica inizierà con il comando *Jun bi* del coordinatore e la performance avrà inizio.
La regola impone il saluto alla giuria anche in chiusura della performance.
Il saluto si pone come base dei concetti di disciplina e rispetto, acquisiti e interiorizzati da ogni atleta, attraverso l'apprendimento proprio della prima posizione fondamentale.

8. Componenti di acrobatica
Le azioni acrobatiche, essenzialmente mutuate dalla ginnastica acrobatica, sono valutate con un punteggio buono, ottimo o eccellente a seconda del livello di difficoltà purché le azioni scelte includano calci acrobatici volanti (ad esempio, con salto in avanti, indietro o laterale), che devono essere eseguiti con un calcio di TaeKwonDo. Le performance di azioni acrobatiche sono valutate sia nella loro essenza tecnica agonistica, sia se associate ad un calcio di TaeKwonDo. Nelle competizioni a coppie o a squadre miste, almeno un membro deve eseguire un'azione acrobatica.

9. Musica
Nessuna performance può essere eseguita senza musica. La scelta della musica sarà però individuale, ad essa sarà attribuito un punteggio in base al suo adattamento coreografico al contenuto del poomse. La musica dovrà essere altresì priva di riferimenti religiosi, politici e sociali.

Le linee guida che vengono definite ad ogni campionato riguardano

1. La percentuale dell'uso della tecnica dei calci e delle Poomsae

Generalmente sono state privilegiate le tecniche dei calci rispetto alle Poomsae. Le percentuali ad oggi utilizzate sono il 60% di calci ed il 40% di Poomsae. Tale distinzione viene fatta per dare enfasi all'aspetto che maggiormente simula le tecniche di combattimento, partendo dal presupposto che non si può eseguire un calcio correttamente se non si sono interiorizzate le forme ad esso associate, e considerando altresì il fatto che i calci eseguiti nell'apprendimento delle forme prevedono una posizione specifica rispetto a quelli eseguiti in combattimento. Quindi bisogna prestare particolare attenzione all'esecuzione performativa (vedi cap. 5).

2. Le specificazioni concernenti i calci che devono essere inseriti nella performance

In ogni competizione vengono specificati i calci che devono essere eseguiti. All'atleta la scelta dinamica di quando e come eseguirli all'interno della performance; logicamente, più il calcio sarà alto e preciso, maggiore sarà il punteggio ad esso attribuito. Le linee guida daranno informazioni specifiche sui criteri adottati per la valutazione degli stessi.

Di seguito si riporta l'esempio della valutazione dei calci nelle linee guida del settimo ed ottavo Campionato Mondiale di Freestyle Poomsae elaborate dal Dr.-Ing. Nuri M. Shirali.

es. Altezza del salto in volo (da 0.0 a 1.0 punti)

All'altezza del corpo			All'altezza del volto			Oltre il volto		
0,1	0,2	0,3	0,4	0,5	0,6	0,7	0,8	0,9
Valore inferiore	Valore medio	Valore superiore	Valore inferiore	Valore medio	Valore superiore	Valore inferiore	Valore medio	Valore superiore
Il punteggio che considera equilibrio e precisione dell'esecuzione del calcio è compreso tra 0,1 e 0,3 punti.			Il punteggio che considera equilibrio e precisione dell'esecuzione del calcio è compreso tra 0,4 e 0,6 punti.			Il punteggio che considera equilibrio e precisione dell'esecuzione del calcio è compreso tra 0,7 e 0,9 punti.		

A seconda quindi dell'altezza dei calci in volo rispetto a corpo, volto o sopra il volto, si assegnano da 0,0 a 1,0 punti.

La metà dell'altezza del piede che calcia e la parte più bassa del corpo sono prese come altezza del salto per il punteggio.

Per il punteggio viene considerato solo l'*Yeop chagi* con almeno l'80% di estensione del ginocchio. I calci laterali (Yeop chagi) devono essere effettuati almeno al di sopra dell'altezza della cintura. Non c'è punteggio (scoring) per i calci sotto l'altezza della cintura.

Se si eseguono diversi *jump side kicks*, per il punteggio viene presa l'altezza del primo eseguito. Ogni membro della coppia o della squadra mista dovrà eseguire dei *jump side kicks*.

es. Numero di calci frontali in volo (Ap chagi) in un salto (da 0.0 a 1.0 punti)

3 Ap Chagi			4 Ap Chagi			5 Ap Chagi		
0,1	0,2	0,3	0,4	0,5	0,6	0,7	0,8	0,9
Valore inferiore	Valore medio	Valore superiore	Valore inferiore	Valore medio	Valore superiore	Valore inferiore	Valore medio	Valore superiore
Il punteggio che considera l'accuratezza dell'esecuzione dell'Ap Chagi è compreso tra 0,1 e 0,3 punti.			Il punteggio che considera l'accuratezza dell'esecuzione dell'Ap Chagi è compreso tra 0,4 e 0,6 punti.			Il punteggio che considera l'accuratezza dell'esecuzione dell'Ap Chagi è compreso tra 0,7 e 0,9 punti.		

- ☐ Nessun punteggio per meno di 3 Ap chagi
- ☐ I calci frontali devono essere eseguiti almeno al di sopra dell'altezza della cintura. Non hanno punteggio i calci al di sotto della cintura.
- ☐ L'Ap Chagi può essere eseguito a livello corpo o viso, ma un'esecuzione più alta (oltre il livello del volto) riceverà un maggiore punteggio.
- ☐ E' preso in considerazione per il punteggio solo l'Ap Chagi con un'estensione del ginocchio superiore all'80%.
- ☐ Almeno un membro della coppia o della squadra mista deve eseguire il calcio frontale in volo.

es. Gradi di rotazione in un calcio rotante (da 0,0 a 1,0 punti)

Da 360° fino a 540°			Da 540° fino a 720°			Superiore a 720°		
0,1	0,2	0,3	0,4	0,5	0,6	0,7	0,8	0,9
Valore inferiore	Valore medio	Valore superiore	Valore inferiore	Valore medio	Valore superiore	Valore inferiore	Valore medio	Valore superiore
Il punteggio che considera l'accuratezza dell'esecuzione dei calci rotanti è compreso tra 0,1 e 0,3 punti.			Il punteggio che considera l'accuratezza dell'esecuzione dei calci rotanti è compreso tra 0,4 e 0,6 punti.			Il punteggio che considera l'accuratezza dell'esecuzione dei calci rotanti è compreso tra 0,7 e 0,9 punti.		

- ☐ Nessun punteggio per calci rotanti inferiori a 360°
- ☐ I calci rotanti possono essere eseguiti a livello del corpo o del volto, ma l'esecuzione di un calcio rotante oltre il livello del viso garantisce un punteggio più alto alla presentazione.
- ☐ Almeno un membro della coppia o della squadra mista deve eseguire un calcio rotante.
- ☐ I Dollyeo kicks sono considerati come calcio rotante a 180°
- ☐ I Tornado Kicks sono considerati come calcio rotante a 360°

es. Livello di prestazione di calci da combattimento consecutivi (da 0,0 a 1,0 punti)

Buono			Ottimo			Eccellente		
0,1	0,2	0,3	0,4	0,5	0,6	0,7	0,8	0,9
Valore inferiore	Valore medio	Valore superiore	Valore inferiore	Valore medio	Valore superiore	Valore inferiore	Valore medio	Valore superiore
I criteri principali sono il livello della prestazione e i calci consecutivi che dovrebbero essere eseguiti in stile Kyorugi (sparring). Il punteggio dei calci è indipendente dal loro numero (non fa differenza se vengono eseguiti 3, 4 o 5 calci).								

- ☐ I calci devono essere eseguiti in stile Kyorugi e simboleggiano una gara di combattimento. Il criterio principale è il livello di prestazione dei calci in sequenza. Il numero di calci da combattimento consecutivi varia da 3 a 5. Il numero dei calci non influenza il punteggio (non fa differenza se l'atleta esegue 3, 4 o 5 calci).
- ☐ Nessun punteggio per meno di 3 calci consecutivi.
- ☐ E' obbligatorio molleggiare da 3 a 5 volte prima dell'esecuzione dei calci. Ciò significa che, se i concorrenti dimenticano di molleggiare, l'esecuzione dei calci non verrà valutata.
- ☐ Vengono attribuiti dei punti di penalità per più di 5 molleggiamenti. 0,1 punti di penalità per più di 3 molleggiamenti aggiuntivi (da 6 a 8 in totale) - 0,3 punti di penalità per ulteriori 3 molleggiamenti (per un totale di 8 o più)
- ☐ Almeno un membro della coppia o della squadra mista deve eseguire dei calci da combattimento consecutivi.

Indicazioni sul numero massimo di poom per ogni poomsae

Nelle linee guida di ogni torneo viene generalmente inserito un numero massimo di Poom per Poomsae da eseguire.
Tale limite pone le basi per poter dar rilievo in 60-70 secondi a ciò che viene richiesto a livello tecnico per evitare di essere soggetti a penalità.

Definizione del punteggio attribuibile e delle riduzioni dello stesso per penalità rispetto alla competenza tecnica del TaeKwonDo

Ad ogni campionato o torneo vengono definite aprioristicamente le modalità valutative della performance in tutti i suoi aspetti. Da tali criteri, che ogni concorrente deve conoscere per preparare la propria esibizione, verrà assegnato da parte dei giudici uno specifico punteggio.
Al punteggio totale saranno però sottratti gli eventuali punti di penalità (specificati numericamente in ogni linea guida).

Le penalità riguardano:

- La mancata esecuzione delle posizioni obbligatorie.
- La mancata esecuzione dei calci obbligatori.
- L'esecuzione di un numero di passi, prima di specifici calci o azioni acrobatiche, superiore a quello previsto dalle linee guida della specifica competizione.
- Un numero di molleggiamenti prima dell'esecuzione dei calci da combattimento, superiore a quello stabilito dalle linee guida specifiche della competizione.
- Oltrepassare il bordo dell'area di gara con entrambi i piedi. Nessuna penalità per le squadre miste.
- La confusione (ad esempio, disordine o una breve pausa) di un concorrente nella coppia o in squadra.
- Ripartenza.
- Performance senza musica.
- La durata della gara in ogni categoria è compresa tra i 60 e i 70 secondi.
- La mancanza di sincronia nell'esecuzione delle tecniche obbligatorie nelle performance a coppie o a squadre.

Definizione del punteggio attribuibile alla coreografia in merito alle componenti: creatività, armonia ed emozionalità

Nelle linee guida vengono altresì definiti i punteggi attribuiti alla presentazione a cui sono associati la *padronanza dei movimenti, l'armonia esecutiva, la creatività* e *l'espressività*. La creatività è valutata per il diagramma del poomsae, la scelta della musica, la coreografia e la fluidità tra le sequenze dei movimenti, che dovrebbero essere distribuiti per ogni parte del corpo e ripetuti simmetricamente. Non è considerata creativa una performance costituita esclusivamente da un mix di poomsae tradizionali. A ciò si lega inoltre l'armonia della musica, del ritmo e dei movimenti, oltre alla sincronia della performance in coppia e a squadra. Il punteggio non può prescindere poi dall'*espressione dell'energia*: vengono premiati sicurezza, sguardo, emotività, concentrazione mentale, modi e atteggiamenti aggraziati sulla base dei criteri utilizzati nelle Poomsae tradizionali.
In appendice le linee guida complete relative al 7°e 8° Campionato Mondiale elaborate e pubblicate nel febbraio 2014 dal Dr-Ing. Shirali e citate in questo capitolo.

Capitolo 8
COSTRUZIONE DELLA COREOGRAFIA
LA SCELTA DEL TEMA (SIMBOLI E SIGNIFICATI), MUSICA, CREATIVITÀ, ARMONIA, ESPRESSIVITÀ, COMPILAZIONE DELLA SCHEDA E DESCRIZIONE DETTAGLIATA DI UNA COREOGRAFIA

In questo capitolo si vogliono dare al lettore le indicazioni sul come si costruisce una coreografia, fermo restando che l'espressività di ogni singolo atleta sarà enfatizzata dalla sua unicità e creatività, oltre all'indispensabile componente tecnica, il tutto fondamentale in fase di giudizio competitivo.

Da quanto si è specificato fin qui, la prima cosa da fare prima di costruire la propria performance, è leggere con molta attenzione le linee guida specificate per la competizione che si appresta a svolgere: allenarsi sulle posizioni obbligatorie, sul perfezionamento dei calci richiesti e sulle Poomsae, sarà indispensabile.

Perfezionate le tecniche obbligatorie, bisognerà scegliere il tema, la storia che si vuole raccontare. Essa potrà essere:
☐ Di significato simbolico per il praticante e concernente la filosofia coreana del TaeKwonDo.
☐ La rappresentazione virtuale di un combattimento.
☐ Un racconto che parte dalla musica e che si costruisce intorno ad essa.

Deciso il proprio tema, bisognerà scegliere la musica che rappresenti ciò che si vuole esprimere considerando che essa deve adattarsi al contenuto delle Poomsae: un'esecuzione pronta ed esplosiva o un'esecuzione lenta e potente, devono avere un adeguato ritmo musicale. Per appropriarsi del ritmo, sarà necessario ascoltare molte volte la melodia; l'allenamento alla coordinazione ritmica ed il controllo degli atti respiratori saranno il passo successivo. Poi sarà utile dividere il brano in sezioni per poter costruire le sequenze performative sulla base del progetto – tema. Il tutto dovrà essere infine unito in modo fluido e continuativo, offrendo coerenza e significato al proprio progetto.

A questo punto bisogna rendere efficace la coreografia.
Le qualità di una coreografia sono:
- l'unità
- la continuità
- la transizione
- la varietà
- la ripetizione

Una coreografia deve possedere *unità*: i movimenti separati devono fluire insieme, e ciascuno deve contribuire al tutto; bisogna far quindi molta attenzione ad eliminare le parti non essenziali allo scopo della performance.
La *continuità* permette di sviluppare un'esibizione in modo che porti chi l'osserva ad una conclusione logica. L'enfasi è posta sul susseguirsi degli avvenimenti e l'osservatore è trascinato verso la conclusione. Il preparatore atletico, nonché coreografo, può fornire le indicazioni necessarie per una progressione naturale ed organizzata di ogni parte, in modo che ciascun movimento porti naturalmente al successivo.
Le *transizioni* da una sequenza all'altra rendono integrante la coreografia e contribuiscono alla sua unità. Transizioni povere distraggono il pubblico ed i giudici perché interferiscono con il coinvolgimento emotivo nello svolgimento dell'esibizione. Bisogna dar valore sia alla struttura generale che ad ogni singolo dettaglio, rendendo spettacolare e coinvolgente ogni istante.
Per mantenere l'interesse del pubblico, ci deve essere una costruzione performativa che faccia risaltare la *varietà* nello sviluppo di ogni calcio, Poom o azione acrobatica che ci si appresta ad eseguire. Le forze che guidano il movimento ed i disegni formali – spaziali che ne derivano, aggiungono emozione in chi li esegue e in chi li osserva.
Alcune *ripetizioni*, tuttavia, sono importanti (per esempio le simmetrie) che, oltre ad essere previste generalmente nelle linee guida, aprono e chiudono il senso della performance. L'atleta dovrebbe, quindi, mantenere un delicato

equilibrio tra varietà, contrasto e ripetizione. Una coreografia che consiste interamente di movimenti diversi è altrettanto inefficace di una composta da parti ripetute continuamente.

Per poter contribuire allo sviluppo di un insieme significativo, tutte le caratteristiche di una coreografia efficace, cioè l'unità, la continuità, la transizione, la varietà, e la ripetizione, devono essere organizzate sulla base delle richieste tecniche e sulla musica. Una storia ha un inizio, una parte centrale ed una fine appropriata. La conclusione è la scelta decisiva: potrebbe essere improvvisa e sorprendente o graduale come un proiettore che si spegne, tutto ciò nella consapevolezza che il tempo a disposizione supera di poco il minuto.

Per poter rendere eccellente la coreografia, bisognerebbe scrivere ogni passaggio ed allenarsi adeguatamente al fine di poterlo rappresentare mentalmente. Consigliamo altresì, di filmarsi durante più allenamenti per osservarsi, autovalutarsi e ottenere un parere sulla tecnica, sull'armonia, sulla creatività e sull'emozione della propria performance da uno o più osservatori esterni. Il feedback oggettivo e soggettivo, permetterà di apportare le giuste modifiche e gli adeguati miglioramenti alla propria storia raccontata attraverso il Freestyle Poomsae e la pratica renderà la performance perfetta.

A questo punto potrà essere compilata la scheda tecnica per inviarla agli organizzatori del campionato o torneo.

Capitolo 9
FREESTYLE ED EMOZIONE

Quando si parla di emozione nel Freestyle Poomsae, si possono prendere in considerazione due direttrici: da un lato si considera il flusso continuo di emozioni che generano sentimenti, dall'altro si analizzano le emozioni come manifestazioni espressivo - motorie che vengono valutate in ambito competitivo.

In questi termini, l'emozione può essere interpretata come lo specifico stato psicologico che si trasmette a chi osserva e che viene enfatizzato dalla risposta fisiologica espressa dai movimenti del corpo e del volto: predispone l'organismo ad agire, offrendo quindi la motivazione adeguata al raggiungimento dello scopo competitivo.

Tuttavia gli stati emotivi connotati dall'ansia rappresentano un fattore critico potenzialmente in grado sia di accrescere che di ostacolare la prestazione individuale e di gruppo.

La Psicologia dello Sport, ormai da decine di anni si occupa proprio dello studio dei fattori mentali e psicologici che influenzano e sono influenzati dalla partecipazione e dalla prestazione sportiva. Nell'ambito dello studio delle emozioni uno degli esponenti di rilievo è stato Hanin. Egli, di approccio idiografico, formulò la "Teoria della zona individuale di funzionamento ottimale" (IZOF, *Individual Zone of Optimal Functioning*) secondo la quale ogni atleta possiede una zona ottimale di ansia in cui riesce a realizzare prestazioni eccellenti. L'ansia attiva emotivamente l'organismo in relazione ad uno specifico grado d'intensità emotiva, predisponendo l'individuo

all'azione, al blocco o alla fuga.
L'acronimo IZOF sintetizza i seguenti concetti:

- *Individual:* la zona di funzionamento ottimale è specifica ed individuale per ogni atleta. Un determinato livello di ansia può essere funzionale o disfunzionale.
- *Zone*: si tratta di un campo di valori, superato il quale la prestazione decade.
- *Optimal Functioning*: ogni atleta esprime un livello individuale e ottimale di ansia funzionale per il raggiungimento della prestazione più elevata.

Le emozioni possono essere quindi classificate in (Hanin, 1997-2000):

- P+ *positive funzionali* (pleasant and functionally optimal emotions);
- N+ *negative funzionali* (unpleasant and functionally optimal emotions);
- P– *positive disfunzionali* (pleasant and dysfunctional optimal emotions);
- N– *negative disfunzionali* (unpleasant and dysfunctional optimal emotions).

Detto ciò, è possibile analizzare in termini qualitativi e quantitativi l'esperienza emozionale soggettiva tipica della prestazione atletica di alto livello, permettendo di valutare quali emozioni caratterizzano le prestazioni migliori e peggiori e qual è il loro grado di intensità. Inoltre si può valutare e prevedere quale effetto producono sulla prestazione sportiva le emozioni positive e negative provate dall'atleta prima della gara.
Si potrà quindi valutare con un adeguato grado di esattezza il profilo individuale, includendo sia le situazioni di ricordo di prestazioni ottimali passate, sia anticipazioni di come l'atleta si sentirà poco prima dell'evento sportivo successivo e sia misurazioni effettuate nel periodo pre-gara. Saranno poi definite le strategie individuali atte a migliorare la capacità di entrare in questa condizione. Secondo Hanin (2000) tali procedure sono efficaci perché permettono di acquisire una maggior consapevolezza sugli stati emotivi dell'atleta e l'abilità a predire ed a regolare il proprio sistema emotivo prima degli eventi sportivi più importanti.
Le ricerche più attuali hanno dimostrato che le emozioni positive hanno un'influenza diretta sulla prestazione (McCarthy, 2011) agendo sull'attenzione, la rapidità decisionale e la fiducia in sé (Jones, Meijen, McCarthy e Sheffield, 2009).

Savardelavar ed Arvin (2012) hanno individuato una correlazione significativa positiva tra la gioia ed i risultati delle competizioni, tra l'esperienza di vincita e l'emozione della gioia. Ovvero, coloro che provano livelli di gioia più alti prima o durante la competizione, sperimentano più frequentemente prestazioni vincenti, e viceversa.
Inoltre, quando gli atleti provano emozioni positive come gioia, orgoglio e felicità, sono portati ad ampliare la loro attenzione verso l'esterno e sono più predisposti ad esprimere il proprio pensiero in modo diretto ed assertivo (Carver, 2003; Fredrickson, 2001) hanno maggior fiducia in se stessi, mostrano un più elevato livello di attenzione, di impegno e di motivazione (McCarthy, 2011; Jones, Meijen, McCarthy e Sheffield, 2009).
Ipotizzando che l'atleta abbia acquisito un'adeguata consapevolezza, controllo e modulazione delle proprie emozioni, sarà in grado non solo di eseguire una performance ottimale, ma riuscirà a comunicare ciò che vuole esprimendo in modo efficace e coinvolgente, "contagiando emotivamente" l'osservatore attento e, nel nostro caso, un pubblico ed una giuria.

Abbiamo valutato numerosi video prima di scegliere l'atleta al quale dedicare questo manuale. Davide Turilli ha catturato la nostra attenzione proprio perché ci ha emozionato, sia per l'integrità e la precisione tecnica, sia per la storia che ha saputo raccontare in quel minuto.
A pagina 150 trovate la scheda tecnica della performance di Davide Turilli al Torneo nazionale di Catanzaro (15 novembre 2015). In appendice una sua breve biografia. E vi rimandiamo a questo video che emozionerà anche voi:
www.facebook.com/TaekWonDoFreeSpiritTrieste/videos/1031134960286261

APPENDICE

Linee guida per il punteggio
WTF Free Style Poomsae

ABILITA' TECNICHE (6,0 punti)		
	Altezza del salto Tutti i membri della coppia o squadra mista devono eseguire un calcio con salto	♦ a seconda dell'altezza del calcio laterale in volo rispetto al corpo, volto o sopra il volto, totalizza tra 0,0 e 1,0 punti. ♦ L'altezza dei calci con salto è misurata come la metà dell'altezza del piede che effettua il calcio e la parte inferiore del corpo. ♦ Solo gli Yopchagis con almeno l'80% di estensione del ginocchio sono considerati per il punteggio. ♦ Controllare l'estensione del ginocchio e la precisione dell'esecuzione del Yopchagis. ♦ Se si eseguono diversi salti, viene presa per il punteggio l'altezza del primo salto eseguito.
	Numero di calci in un salto Almeno un membro della coppia o della squadra mista deve eseguire un calcio in volo	♦ E' segnato tra 0,0 e 1,0 punti in base al numero di calci (da 3 a 5 calci). ♦ Nessun punteggio per meno di 3 calci ♦ i calci frontali (Apchagis) devono essere eseguiti almeno sopra l'altezza della cintura. Nessun punto (scoring) per i calci sotto l'altezza della cintura. ♦ Solo Apchagis con estensione del ginocchio almeno dell'80% sono considerati per il punteggio. ♦ Controllare l'estensione del ginocchio e la precisione dell'esecuzione dell'Apchagis.
	Gradi di rotazione in uno Spin kick Almeno un membro della coppia e della squadra mista deve eseguire un calcio rotante.	♦ Saranno assegnati tra 0,0 e 1,0 punti in base ai gradi di rotazione del calcio. ♦ Nessun punteggio per calci con meno di 180° di rotazione ♦ Gli Spinning Kicks possono essere eseguiti a livello del corpo o del volto, ma un'esecuzione più alta dello spinningkick (ad esempio oltre il livello del volto) ha effetto sulla valutazione in termini di punteggio della performance più alto. ♦ Controllare l'estensione del ginocchio e la precisione dell'esecuzione dei calci rotanti.
	Livello di performance di calci consecutivi (Da 0,0 a 1,0 punti) Almeno un membro della coppia o della squadra mista deve eseguire dei calci da combattimento in sequenza	Il criterio principale è il livello della performance. ♦ Il punteggio è indipendente dal numero dei calci (non importa se sono 3, 4 o 5 calci), per un massimo di 5 calci. ♦ I calci in sequenza devono essere eseguiti in stile Kyorugi ♦ Nessun punto per meno di 3 calci consecutivi ♦ Controllare il numero di molleggiamenti. È obbligatorio molleggiarsi da 3 a 5 volte prima dell'esecuzione dei calci. ♦ Nessun molleggiamento = nessun punto
	Azioni acrobatiche Almeno un membro della coppia o della squadra mista deve eseguire l'azione acrobatica.	♦ A seconda del livello di difficoltà della Performance, alle azioni acrobatiche sono assegnati tra 0,0 e 1,0 punti ♦ Le azioni acrobatiche includono calci in volo acrobatici (per esempio in avanti, indietro o rotazioni laterali) che devono essere eseguiti con un calcio di Taekwondo. ♦ L'esecuzione di azioni acrobatiche senza un calcio di Taekwondo non da punteggio
	Movimenti di base e praticabilità (Da 0,0 a 1,0 punti)	♦ La precisione dei movimenti di base, le tecniche e le posizioni sono valutate in questa sezione. ♦ Vengono valutate l'esecuzione delle Poomsae e l'armonia delle transizioni tra tecniche di attacco e difesa ♦ Esecuzione di kihap e battuta dei piedi sono opzionali. ♦ Nessuna limitazione d'altezza nell'esecuzione delle tecniche di piede

PRESENTAZIONE (4,0 punti)	(2,0)	Creatività	♦ La creatività nella linea del poomsae, la musica, la coreografia e la connessione fra le sequenze del movimento ♦ Non è considerata creativa una prestazione che si limiti ad un mix di varie parti di poomsae tradizionali
		Armonia	♦ L'armonia della musica, del ritmo, dei movimenti e degli atleti fra loro ♦ L'utilizzo di tutte le parti del corpo (sinistra e destra, piede e mano, anteriore e posteriore entro le indicazioni del Poomsae)
	(2,0)	Espressività	♦ L'espressione di energia, come nel poomsae tradizionale (ad esempio la sicurezza, la direzione dello sguardo, l'espressione facciale, l'emotività, la concentrazione mentale, modi e atteggiamenti aggraziati)
		Musica & Coreografia	♦ Adattamento della musica e della coreografia al contenuto del poomsae
Punteggio totale - Competenze tecniche + Presentazione			

Il punteggio finale sarà ottenuto dal punteggio medio del totale dei punti, esclusi i punteggi più alto e più basso per le competenze tecniche e per la presentazione.
Tutte le penalità accumulate durante la competizione devono essere prese in considerazione e dedotte dal punteggio finale.
Il punteggio finale è annunciato subito dopo aver raccolto i punteggi di tutti i giudici.
In caso di utilizzo di strumenti elettronici per il punteggio, i giudici inseriscono le loro valutazioni immediatamente dopo le prestazioni, e i punti totali sono visualizzati automaticamente sui tabelloni o monitor. Il punteggio finale medio ed i punteggi individuali devono essere visualizzati solo dopo la cancellazione dei punteggi più alti e più bassi.
In caso di punteggio manuale il coordinatore raccoglie ogni scheda di valutazione e trasmette i risultati al segretario subito dopo il completamento della performance. Il segretario riferisce il punteggio finale al coordinatore dopo la cancellazione dei punteggi alti e bassi, ed è annunciato il punteggio finale. Il vincitore è il concorrente cui vengono assegnati più punti in totale.
In caso di parità, il vincitore sarà il concorrente che ha più punti nelle competenze tecniche. Nel caso in cui il punteggio fosse ancora in parità, il vincitore sarà chi ha il maggior numero di punti totali (punti totali di tutti i giudici, inclusi i punti più alti e bassi). Se si è ancora in parità, per determinare il vincitore, si effettua una rivincita.

Scheda di valutazione arbitrale
(WTF Free Style Poomsae)

Court

Categoria	Sottocategoria		Distribuzione dei punteggi											Punteggio
Abilità tecniche (6.0)	Livello di difficoltà delle tecniche di piede (5.0)	Altezza del salto	0.0	0.1	0.2	0.3	0.4	0.5	0.6	0.7	0.8	0.9	1.0	
		Numero di calci in un salto	0.0	0.1	0.2	0.3	0.4	0.5	0.6	0.7	0.8	0.9	1.0	
		Gradi di rotazione	0.0	0.1	0.2	0.3	0.4	0.5	0.6	0.7	0.8	0.9	1.0	
		Livello di esecuzione di calci in sequenza	0.0	0.1	0.2	0.3	0.4	0.5	0.6	0.7	0.8	0.9	1.0	
		Azioni acrobatiche	0.0	0.1	0.2	0.3	0.4	0.5	0.6	0.7	0.8	0.9	1.0	
	Movimenti di base e Praticabilità (1.0)		0.0	0.1	0.2	0.3	0.4	0.5	0.6	0.7	0.8	0.9	1.0	
Presentazione (4.0)	Creatività		0.0	0.1	0.2	0.3	0.4	0.5	0.6	0.7	0.8	0.9	1.0	
	Armonia		0.0	0.1	0.2	0.3	0.4	0.5	0.6	0.7	0.8	0.9	1.0	
	Espressività		0.0	0.1	0.2	0.3	0.4	0.5	0.6	0.7	0.8	0.9	1.0	
	Musica e Coreografia		0.0	0.1	0.2	0.3	0.4	0.5	0.6	0.7	0.8	0.9	1.0	

Sottopunteggi complessivi (10.0)

Detrazioni e penalità

Punteggio totale

- Nome dell'arbitro : _____
- Nazione dell'arbitro : _____   • Firma : _____

Lista delle penalità
WTF Free Style Poomsae

Concorrente n°		Giuria n°	

Criteri per le penalità	Penalità
Posizioni e tecniche obbligatorie come richiesto nello specifico torneo (es: 1. Calcio laterale in volo, 2. Calci multipli in volo, 3. Calcio rotante con salto, 4. Combinazione di massimo 5 calci da combattimento, 5. Azione acrobatica inclusiva di calcio) Penalità = N * 0.3 = (N: numero delle posizioni obbligatorie non eseguite)	
Per l'esecuzione di tecniche di piede obbligatoria (calci laterali in volo, calci frontali in volo, calci rotanti e calci acrobatici), i concorrenti possono eseguire al massimo fino a 5 passi. Per ogni ulteriore passo sono sottratti 0,1 punti. Penalità = N * 0.1 = (N: Numero di passi aggiuntivi nella rincorsa)	
Il numero di molleggiamenti obbligatori prima dell'esecuzione dei calci da combattimento in sequenza è da 3 a 5. Penalità per molleggiamenti in più: 0,1 punti di riduzione di ulteriori molleggiamenti fino a 3 volte (6 - 8) 0,3 punti di riduzione di ulteriori molleggiamenti più di 3 volte (8>)	
Oltrepassare il bordo dell'area di gara: 0,3 punti di penalità per ogni attraversamento del limite Nessuna penalità per le squadra miste Penalità = N * 0.3 (N: Numero degli attraversamenti del limite)	
Coppia e squadra mista: Confusione (ad esempio, disordine o brevi pause) di un concorrente in coppia o squadra sono penalizzate con 0,3 punti penalità. Penalità = N * 0.3 = (N: numero di confusioni)	
Ripartenza: La penalità per la ripartenza è di 0,6 punti (2 * 0,3 = 0,6 come nel poomse tradizionale).	
Musica: Nessuna performance senza musica.	
Durata della gara: La durata in tutte le categorie è compresa tra i 60 e i 70 secondi. La penalità per le performances al di fuori del tempo consentito è di 0,3 punti.	
Totale penalità	

Detrazioni di 0,1 punti per ogni errore minimo in termini di accuratezza della performance: ogni volta che una postura del piede o un movimento della mano non sono eseguiti come illustrato nelle linee guida.

Detrazioni di 0,3 punti per ogni errore grave nell'accuratezza della performance: quando le azioni non sono eseguite in conformità con le linee guida della competizione o si esegue un'azione sbagliata.

Albo d'oro

7TH WTF WORLD TAEKWONDO POOMSAE CHAMPIONSHIPS
6 / 9 dicembre 2012 - Tunja, Colombia

INDIVIDUALE MASCHILE
1 *Chong Charlie* (Canada)
2 *Ayala Talavera Vaslav* (Messico)
3 *Luo Qiusheng* (Cina)

INDIVIDUALE FEMMINILE
1 *Calamba Mikeala* (Filippine)
2 *Chau Tuyet Van* (Vietnam)
3 *Rosmaniar Defia* (Indonesia)

COPPIA
1 *Saux Collantes Bruno, Yi Wu Acuy Winnie* (Perù)
2 *Le Thanh Trung, Nguyen Thuy Xuan Linh* (Vietnam)
3 *Tinaya Galilee, Ventura Beatrice* (Filippine)

SQUADRA
1 *Vietnam*
Le Thanh Trung, Nguyen Thien Phung, Nguyen Thi Thu Ngan,
Chau Tunet Van, Nguyen Thuy Xuan Linh
2 *Filippine*
Guzman Ernesto, Tinaya Galilee, Gabriel Vidal Marvin,
Ortega Rani Ann, Lagman Ma. Carla Janice
3 *Cina*
Luo Qiusheng, Hu Mingda, Yuan Xing, Quan Xue Yan, Zhu Mengxue

Albo d'oro

8TH WTF WORLD TAEKWONDO POOMSAE CHAMPIONSHIPS
31 ottobre / 3 novembre 2013 - Bali, Indonesia

INDIVIDUALE MASCHILE
1 *Chong Charlie* (Canada)
2 *Sabido Jean Pierre* (Filippine)
3 *Iemelianenko Oleksandr* (Ucraina)

INDIVIDUALE FEMMINILE
1 *Calamba Mikeala* (Filippine)
2 *Ji Yu Han* (Cina)
3 *Dung Ngo Thi Thuy* (Vietnam)

COPPIA
1 *Ramadhan Auliya, Kevita Rizkia* (Indonesia)
2 *Charlie Chong, Gloria Cho* (Canada)
3 *Ming Da Hu, Meng Yue Wei* (Cina)

SQUADRA
1 *Vietnam*
Thanh Trung Le, Thien Phung Nguyen, Tuyet Van Chau,
Thuy Xuan Linh Nguyen, Thi Le Kim Nguyen
2 *Canada*
Alexander Hylton, Charlie Chong, Jeff Hsiao,
Gloria Cho, Jaden Chong
3 *Indonesia*
Sofiudin Sofiudin, Maulana Haidir, Ramadhan Auliya,
Kevita Rizkia, Mutiara Habiba

Albo d'oro

9TH WTF WORLD TAEKWONDO POOMSAE CHAMPIONSHIPS
30 ottobre / 2 novembre 2014 - Aguascalientes, Messico

OVER 17

INDIVIDUALE MASCHILE
1 *Jean Pierre Sabido* (Filippine)
2 *Truong Phuoc Dai Nguyen* (Vietnam)
3 *Serdar Can* (Turchia)

INDIVIDUALE FEMMINILE
1 *Adalis Munoz* (USA)
2 *Yulia Popova* (Russia)
3 *Thi Thuy Dung Ngo* (Vietnam)

COPPIA
1 *Thi Thuy Dung Ngo, Thanh Trung Le* (Vietnam)
2 *Jeordan Dominguez, Jocel Lyn Ninobla* (Filippine)
3 *Nikolai Avdonkin, Nadezhda Pak* (Russia)

SQUADRA
1 *Filippine*
Glenn Lava, Jeordan Dominguez, Jaylord Seridon, Janice Lagman, Rani Ortega
2 *Turchia*
Murat Sarikus, Seyyid Firat, Serdar Can, Fatma Torehan, Kubra Dagli
3 *USA*
Long Nguyen, Lance Supnet, Victoria Dizon, Kelsey Ha, Kimberly Menchavez

UNDER 17

INDIVIDUALE MASCHILE
1 *Xing Yuan* (Cina)
2 *Minh Phuc Vo* (Vietnam)
3 *Sergei Slepich* (Russia)

INDIVIDUALE FEMMINILE
1 *Thi Mong Quynh Nguyen* (Vietnam)
2 *Trina Dao* (USA)
3 *Olga Petrovic* (Serbia)

COPPIA
1 *Ming Da Hu, Meng Yue Wei* (Cina)
2 *Dinh Khoi Nguyen, Thi Mong Quynh Nguyen* (Vietnam)
3 *Jose Reyes, Ibanez Ana Zulema* (Messico)

SQUADRA
1 *Cina*
Ding Wang, Xing Yuan, Ming Da Hu, Yuqing Liu, Meng Yue Wei
2 *Vietnam*
Thanh Trung Nguyen, Cao Cam Tien Tran, Dinh Khoi Nguyen, Le Thanh Uyen Tran, Ho Duy Tran
3 *USA*
Tyler Dao, Khoa Nguyen, Kenneth Doan, Trina Dao, Arianna Le

Albo d'oro

10TH WTF WORLD TAEKWONDO POOMSAE CHAMPIONSHIPS
29 settembre / 2 ottobre 2016 - Lima, Perù

OVER 17

INDIVIDUALE MASCHILE
1 *Jeordan Dominguez* (Filippine)
2 *Dinh Khoi Nguyen* (Vietnam)
3 *Leandro Augusto Rodriguez* (Colombia)

INDIVIDUALE FEMMINILE
1 *Adalis Munoz* (USA)
2 *Ingrid Gomez Schroth* (Spagna)
3 *Soraya Wahjudi* (Olanda)

COPPIA
1 *Turchia*
2 *USA*
3 *Cina*

SQUADRA
1 *Cina*
2 *Vietnam*
3 *Danimarca*

UNDER 17

INDIVIDUALE MASCHILE
1 *Tyler Dao* (USA)
2 *Enes Doguhan Bilgin* (Turchia)
3 *Anh Tuan Bui* (Vietnam)

INDIVIDUALE FEMMINILE
1 *Anna Borysenko* (Ucraina)
2 *Eva sandersen* (Danimarca)
3 *Gulsena Karakuyulu* (Turchia)

COPPIA
1 *Turchia*
2 *Spagna*
3 *USA*

SQUADRA
1 *Vietnam*
2 *Turchia*
3 *Russia*

PROGRAMMA

10° Campionato del mondo WTF di Taekwondo Poomsae Lima (29 settembre - 2 ottobre, 2016/Lima, Perù)

1. PROMOTORE
Federazione Mondiale Taekwondo WTF (Presidente: Dr. Chungwon Choue)
Indirizzo: 5° Fl., Kolon Bldg, 15 Hyoja-ro, Jongno-gu,
Seoul, Corea (03044)
Telefono: (82.2) 566 2505/557 5446
Fax: (82.2) 553 4728
E-mail: sport@wtf.org (Dipartimento Sport)
Sito web: www.worldtaekwondofederation.net

2. ASSOCIAZIONE NAZIONALE ORGANIZZATRICE
Federacion Deportiva Peruana de Taekwondo (Presidente: Joao Tanaka)
Indirizzo: Avenida del Aire s/n Villa Deportiva Nacional (VIDENA)
San Luis - Lima, Perù
Telefono: +51 1 982 465 181
Fax: (Nessuno)
E-mail: fdptkd.com.pe@hotmail.com
Sito web: www.fdptkd.pe
Presidente Comitato Organizzatore: Mr. Carlos Sinfon
E-mail: eventstkdperu@gmail.com
Telefono: +51 963954503

3. DATA
lunedì 29 settembre - 2 ottobre, 2016

4. LUOGO
National Sport Village (Villa Deportiva Nacional) - VIDENA
Polideportivo 1 - Gate 15 - Avenida del Aire Cuadra 7 - San Luis - Lima

5. REQUISITI PER LA PARTECIPAZIONE
Ai sensi dell'articolo 4 delle Regole WTF per la Partecipazione dei Concorrenti, il concorrente deve soddisfare tutti i seguenti requisiti:

5.1 Possedere la nazionalità della squadra partecipante
5.2 Essere scelto dall'associazione nazionale di taekwondo della WTF
5.3 Essere titolare di certificato Kukkiwon Poom o Dan
5.4 Essere titolare della Globale Athlete Licence WTF (GAL). Per qualsiasi domanda sulla GAL WTF si prega di contattare il Sig. Kabir Kar, Manager della Global Licence & Ranking Administration WTF alla mail gmsadmin@wtf.org
5.5 Essere atleta di 12 anni d'età o superiore.
I limiti di età per ogni categoria si basano sull'anno, non sulla data in cui si svolgono i campionati. Ad esempio, nella categoria Junior, i concorrenti devono avere un'età compresa tra 15 e 17 anni. A questo proposito, se i campionati si svolgono il 29 settembre 2016, hanno diritto a partecipare a questa categoria tutti i concorrenti nati tra il 1 gennaio 1999 e il 31 dicembre 2001.

Uniformi dei concorrenti Poomsae: Tutti i concorrenti devono indossare uniformi da competizione Poomsae approvate WTF ai sensi dell'articolo 4.2 del Regolamento delle competizioni poomsae WTF. L'ultima versione dell'elenco dei produttori riconosciuti WTF è disponibile sul sito web della WTF (http://www.worldtaekwondofederation.net/recognized).

6. CLASSIFICAZIONE DELLE COMPETIZIONI

Gare di Poomsae Tradizionale	Gare di FreeStyle Poomsae
Individuale maschile	Individuale maschile
Individuale femminile	Individuale femminile
Squadra maschile (3 maschi)	Coppia (1 maschio e 1 femmina)
Squadra femminile (3 femmine)	Squadra mista (5 membri di cui 3
Coppia (1 maschio e 1 femmina)	maschi e 2 femmine o viceversa)

7. REGOLAMENTO DELLA COMPETIZIONE
Si applicano le regole WTF per le competizioni di Poomsae in vigore dal 19 marzo 2014.

8. REGOLAMENTO PER IL RANKING
Si applica il Regolamento mondiale WTF sul Ranking Poomsae in vigore dal 1° gennaio 2016.

9. DURATA DELLA PERFORMANCE
9.1 Poomsae tradizionale: competizioni individuali, di coppia e di squadra, da 30 secondi a 90 secondi.
9.2 Free Style Poomsae: gare individuali, di coppia e squadra mista, da 60 secondi a 70 secondi.
9.3 La pausa tra il 1° e il 2° poomsae varia da 30 a 60 secondi.

10. METODO DI COMPETIZIONE:

Gare di Poomsae Tradizionale	Gare di FreeStyle Poomsae
Verranno stabilite dal Delegato Tecnico per ogni categoria due Poomsae obbligatorie che dovranno essere eseguite durante i preliminari, le semifinali e le fasi finali (round a 8, semifinale e finale) per tutte le competizioni. **SOLO PER LE CATEGORIE INDIVIDUALI: Sistema ad eliminazione singola:** Dai preliminari alla finale: Tutte le gare si svolgono in un formato ad eliminazione singola. Verrà effettuato un sorteggio tra i concorrenti. I concorrenti dovranno eseguire due Poomsae obbligatorie per ogni turno. Le medaglie saranno assegnate ai primi quattro concorrenti / coppie / squadre. Questo sistema si applica per soddisfare le prescrizioni del Regolamento mondiale WTF sul Ranking. **PER TUTTE LE ALTRE CATEGORIE: Sistema Cut-off:** 1) Preliminari: Nel caso in cui partecipino più di 20 concorrenti / coppie / squadre, la competizione ha inizio dal turno preliminare con la divisione in gruppi affidati a differenti giurie. Dopo aver eseguito le due (2) Poomsae obbligatorie assegnate, la metà superiore di ogni gruppo passa alla semifinale in base ai punti. 2) Semifinale: Nel caso in cui partecipino da nove a 19 concorrenti / coppie / squadre, la competizione	1) Il Free Style Poomsae è una performance basata su tecniche di taekwondo con la composizione di musica e coreografia. 2) Composizione del Freestyle Poomsae 1.1 La linea di Yeon-mu deve essere scelta dal concorrente 1.2 Numero di Poom: ogni performance deve essere composta da 20 a 24 Poom. (La composizione di 1 poom non deve essere superiore a 5 movimenti.) 1.3 Tecnica: Ogni performance deve essere composta da tecniche di attacco e difesa di taekwondo con il 60% di tecniche di piede e il 40% di tecniche di mano. 1.4 Le tecniche eseguite devono rientrare nei confini del taekwondo. La definizione delle tecniche di taekwondo è determinata dal Comitato Poomsae WTF, quando il concorrente sottopone il suo programma di performance di Freestyle Poomsae.

Gare di Poomsae Tradizionale	Gare di FreeStyle Poomsae
inizia dalla semifinale. I concorrenti dovranno eseguire le due Poomsae obbligatorie assegnate e i migliori otto di loro avanzeranno alla finale in base ai punti. Sistema ad eliminazione singolo: 3) finale: quando partecipano otto o meno concorrenti / coppie / squadre, la competizione ha inizio dalla fase finale. Finale che deve essere effettuata in formato di eliminazione singola. Sarà condotto un sorteggio tra i finalisti. I concorrenti dovranno eseguire due Poomsae obbligatorie assegnate per ogni turno delle finali (round a 8, semifinali e finale). Medaglie saranno assegnati ai primi quattro concorrenti / coppie / squadre.	

11. INGRESSO

Dirigenti	Membri	Note
Capo delegazione	1	Maschio e femmina (totale 1) per Capo delegazione e Manager
Manager	1	Poomsae tradizionale (1) e Free Style Poomsae (1) per Allenatori e Preparatori atletici
Allenatori	2	
Preparatori	2	
Medico della squadra	1	
Funzionari delle Ass. Nazionali	3	
Totale	10	

Atleti		Cadetti (12-14)	Juniores (15-17)	Under 30 (18-30)	Under 40 (31-40)	Under 50 (41-50)	Under 60 (51-60)	Under 65 (61-65)	Over 65 (66-)	Totale
Poomsae Tradizionale	Individuale 1 maschio 1 femmina	2	2	2	2	2	2	2	2	16
		Cadetti (12-14)	Juniores (15-17)	Under 29	Over 30					Totale
	Coppia 1 maschio 1 femmina	2	2	2	2					8
		Cadetti (12-14)	Juniores (15-17)	Under 29	Over 30					Totale
	Team 3 maschi 3 femmine	6	6	6	6					24
		Under 17 (12-17)		Over 17 (18-)						Totale
Freestyle Poomsae	Individuale 1 maschio 1 femmina	2		2						4
	Coppia 1 maschio 1 femmina	2		2						4
	Team misto 2 maschi 3 femmine o 3 maschi 2 femmine	5+1 (sostituto)								10+2
TOTALE		66+2								

* *Nota: I concorrenti possono competere in un massimo di due categorie, a meno che lui/lei non abbiano limiti di sesso o età.*

11.2 LICENZA GLOBALE WTF E REGISTRAZIONE ONLINE

Registrazione Licenza globale WTF: https://www.hangastar.com/WTF
Tutti gli atleti e dirigenti della squadra devono essere registrati con una Global Athlete Licence WTF (GAL) o una Global Official Licence (GOL).

Registrazione online WTF
L'iscrizione della squadra nazionale sarà accolta solo tramite il sistema di registrazione online WTF e la registrazione è possibile solo con una Licenza Globale WTF valida. Gli amministratori GMS (Global Membership System) della squadra nazionale verranno avvisati via e-mail dell'apertura delle

registrazioni on-line.

11.3 ISCRIZIONI

Il Comitato Organizzatore raccoglie le tasse di iscrizione delle squadre nazionali partecipanti. La nazionale potrà pagare la quota di iscrizione al Comitato Organizzatore solamente in contanti USD, presso il centro accrediti a Lima, Perù prima dell'inizio del Campionato. Agli atleti non è consentito partecipare finché il pagamento della quota di iscrizione al Comitato Organizzatore non è andato a buon fine. La tassa di iscrizione può variare a seconda della tempistica e della condizione di presentazione della richiesta. Si prega di leggere attentamente le seguenti linee guida:

Quote di iscrizione scontate: sarà attribuito uno sconto alle squadre nazionali che completano la loro registrazione durante questo periodo.
40 $ per atleta/evento
Il periodo di iscrizione scontato avrà inizio il 15 luglio 2016 e si concluderà il 31 luglio, 2016, 17:00 ora locale svizzera.

Iscrizioni regolari: alle squadre nazionali che hanno completato la loro registrazione durante questo periodo verrà addebitata la quota di iscrizione regolare.
50 $ per atleta/evento
Il periodo di iscrizione regolare inizierà il 1° agosto 2016, 17:01 ora locale svizzera e si concluderà il 31 agosto 2016, 17.00 ora locale svizzera.

Iscrizioni in ritardo: nel caso in cui WTF decidesse di consentire un periodo di registrazione in ritardo, alle squadre nazionali che completeranno la loro registrazione durante questo periodo verrà addebitato il seguente costo.
75 $ per atleta/evento
Il periodo di iscrizione in ritardo può cominciare il 1 settembre 2016 e terminerà (se consentito) il 7 settembre 2016, 17:00 ora locale svizzera.
Il periodo di iscrizione in ritardo è applicato solo se la WTF e il Comitato Organizzatore decidono di attivarlo e, se ciò avviene, sarà annunciato dalla WTF o dal Comitato Organizzatore con comunicazione ufficiale.

* Nota: i concorrenti possono competere in un massimo di due categorie, a meno che lui/lei non abbiano limiti di sesso o età.

12. ELENCO DELLE POOMSAE DA ESEGUIRE

Poomsae obbligatorie assegnate

Verranno scelte due Poomsae dalle Poomsae obbligatorie assegnate per ogni categoria e dovranno essere eseguite durante tutti i preliminari, semifinali e fasi finali di ogni competizione. Le Poomsae obbligatorie assegnate per ogni categoria saranno decise al momento del sorteggio dal Delegato Tecnico, in consultazione con i funzionari della WTF.

Competizione	Categoria	Poomsae obbligatorie
Individuale	Cadetti	Taegeuk 4, 5, 6, 7, 8 Jang, Koryo, Keumgang
	Juniores	Taegeuk 4, 5, 6, 7, 8 Jang, Koryo, Keumgang, Taeback
	Under 30	Taegeuk 6, 7, 8 Jang, Koryo, Keumgang, Taeback, Pyongwon, Shipjin
	Under 40	
	Under 50	Taegeuk 8 Jang, Koryo, Keumgang, Taeback, Pyongwon, Shipjin, Jitae, Chonkwon
	Under 60	Koryo, Keumgang, Taeback Pyongwon, Shipjin, Jitae, Chonkwon, Hansu
	Under 65	
	Over 65	
Coppia	Cadetti	Taegeuk 4, 5, 6, 7, 8 Jang, Koryo, Keumgang
	Juniores	Taegeuk 4, 5, 6, 7, 8 Jang, Koryo, Keumgang, Taeback
	Under 29	Taegeuk 6, 7, 8 Jang, Koryo, Keumgang, Taeback, Pyongwon, Shipjin
	Over 29	Taegeuk 8 Jang, Koryo, Keumgang, Taeback, Pyongwon, Shipjin, Jitae, Chonkwon
Team	Cadetti	Taegeuk 4, 5, 6, 7, 8 Jang, Koryo, Keumgang
	Juniores	Taegeuk 4, 5, 6, 7, 8 Jang, Koryo, Keumgang, Taeback
	Under 29	Taegeuk 6, 7, 8 Jang, Koryo, Keumgang, Taeback, Pyongwon, Shipjin
	Over 29	Taegeuk 8 Jang, Koryo, Keumgang, Taeback, Pyongwon, Shipjin, Jitae, Chonkwon

Competizione	Freestyle Poomsae	
Individuale	Categorie Under 17 e Over 17	Gli atleti dovranno eseguire il Freestyle Poomsae sulla base di tecniche di taekwondo con la composizione di musica e coreografia. Ogni performance è composta da 20 a 24 poom, con ciascun poom composto da non più di cinque movimenti. Ogni performance è composta da tecniche di taekwondo di attacco e difesa con il 60% di tecniche di piede ed il 40% di tecniche di mano. Musica e coreografie saranno scelte dai concorrenti. Le tecniche eseguite devono rientrare nei confini del taekwondo. La definizione delle tecniche di taekwondo è determinata dal Comitato Poomsae WTF quando i concorrenti presentano il programma della performance di Freestyle Poomsae.
Coppia		
Team misto		

13. PRESENTAZIONE PREMI

1) Medaglie & Diplomi
1° posto: medaglia d'oro e diploma
2° posto: Medaglia d'argento e diploma
3° posto e 4° posto: medaglia di bronzo e diploma
5°/8° posto: diploma

2) Trofei
Miglior Atleta: un maschio e una femmina nelle Poomsae tradizionali; un maschio e una femmina nel FreeStyle Poomsae

14. CONDIZIONI DI PARTECIPAZIONE / ISCRIZIONE E SCADENZA DELL'ISCRIZIONE / ACCREDITAMENTO IN LOCO

14.1 Gli oneri relativi a volo, vitto e alloggio sono a carico della squadra nazionale partecipante.

14.2 Il termine ultimo per l'iscrizione è il 31 agosto 2016, ore 17.00 ora locale svizzera. La presentazione di iscrizioni dopo tale data non saranno accettate in nessun caso.

14.3 In caso di sostituzione di un atleta infortunato, un team può sostituire l'atleta entro e non oltre il 7 settembre 2016. Gli atleti o dirigenti della squadra iscritti possono essere sostituiti senza alcuna penalità fino al 31 Agosto 2016.

14.4 La quota di iscrizione di 50 $ per atleta non sarà addebitata in caso di cancellazione della partecipazione, fino al 24 agosto 2016.

14.5 La tassa di iscrizione deve essere pagata in caso di cancellazione di atleti partecipanti dopo il 31 agosto 2016 o che non si esibiscono.
14.6 Dirigenti della squadra: le associazioni nazionali aderenti possono registrarsi online per un massimo di un Responsabile della squadra per nazione, un manager per squadra, due allenatori per squadra, un medico per squadra, due preparatori per squadra.
14.7 Dirigenti MNA: possono essere registrati online tre dirigenti per nazione.
14.8 Penalità: viene versata al Comitato Organizzatore al centro accrediti a Lima una penalità di 100 $ a persona nei seguenti casi:

1) qualsiasi dirigente della squadra che non sia registrato in linea e vuole essere accreditato presso il centro accrediti di Lima, anche se il numero totale dei dirigenti della squadra non supera il numero consentito,
2) In caso di superamento del numero di dirigenti MNA consentiti e si voglia essere accreditati presso il centro accrediti a Lima o qualsiasi dirigente MNA che non è registrato in linea e vuole essere accreditato presso il centro accrediti a Lima.
3) Per eventuali modifiche o aggiunte apportate ad un elenco nazionale dopo la pubblicazione delle scadenze della registrazione online verrà addebitata una penale di 100 $ in aggiunta alle spese di registrazione. Questa penalità verrà considerata la quota in loco per aggiunte approvate o modifiche alla lista nazionale.
4) Per qualsiasi registrazione di Licenza globale WTF completata in loco, verranno addebitati 30 $ di tassa di elaborazione per ogni licenza globale WTF richiesta.

14.9 Registrazione della domanda di partecipazione: verrà data notizia del metodo di registrazione del Team (registrazione online o richiesta via e-mail) a tutti i membri delle associazioni nazionali a tempo debito.
14.10 Scadenza della richiesta di partecipazione: 31 agosto 2016 17:00 ora locale svizzera
14.11 Accreditamento all'arrivo:
Accreditamento in loco a Lima: Le squadre partecipanti sono invitate a concludere l'accreditamento in loco a Lima entro e non oltre il 27 Settembre 2016 poiché il Meeting dei Capi delegazione ed i sorteggi avranno luogo il 28 Settembre 2016.

15. ARBITRI INTERNAZIONALI
15.1 La WTF nominerà il numero necessario di Arbitri internazionali Poomsae.
15.2 Il biglietto aereo di andata e ritorno sono a carico di ogni arbitro internazionale partecipante, mentre il Comitato Organizzatore si occuperà di vitto e alloggio per il periodo indicato, compreso il periodo di incontro e di

formazione degli arbitri.
15.3 Il Comitato Organizzatore garantirà agli arbitri partecipanti un'indennità giornaliera di 100 $ per i giorni di gara.
15.4 Non è concesso alle squadre partecipanti soggiornare negli hotel dove alloggiano gli arbitri internazionali.

16. UNIFORMI APPROVATE DALLA WTF PER COMPETIZIONI POOMSAE

16.1 I concorrenti partecipanti devono indossare uniformi per competizioni Poomsae approvate dalla WTF. A tutti i concorrenti che non indossano uniformi per gare Poomsae approvate WTF non sarà permesso gareggiare. L'ultima versione dell'elenco di produttori approvati da WTF è disponibile sul sito della WTF (http://www.worldtaekwondofederation.net/recognized).
16.2 Standardizzazione delle Uniformi per competizioni Poomsae: le uniformi obbligatorie per concorrenti di gare poomse sono state standardizzate in tre categorie:

16.3 Categoria Cadetti (età 12-14): Casacca bianca con collo rosso e nero, oltre a pantaloni blu per i maschi; la stessa casacca, ma con pantaloni rossi, per le femmine.

16.4 Categoria Juniores e Senior (età 15-49): Casacca bianca con pantaloni blu scuro per i maschi; casacca bianca con pantaloni blu chiaro per le femmine.

16.5 Categoria Master (età da 50 in su): Casacca gialla e pantaloni blu scuro sia per maschi che femmine.

17. IDENTIFICAZIONE DEL CODICE NOC E DEL PRODUTTORE

17.1 La bandiera nazionale deve essere collocata a 3,5 centimetri al di sotto della linea della spalla destra dell'indumento superiore. Le dimensioni della bandiera devono essere 10 centimetri di larghezza x 7 cm di altezza. Si prega di consultare le linee guida allegate sul codice NOC (National Olympic Commitee) e bandiera nazionale.

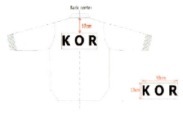

17.2 Il codice NOC è un'abbreviazione di tre lettere del Comitato Olimpico Nazionale, ed è stampato sul retro del capo superiore dell'uniforme da gara Poomsae in color nero e centrato a 12 centimetri dalla linea superiore del capo superiore con dimensioni di 30 cm di larghezza x 12 centimetri di altezza. Il carattere delle lettere deve essere "Verdana" grassetto. Si prega di consultare le linee guida allegate sul codice NOC e la bandiera nazionale.

* Le associazioni nazionali aderenti che non possiedono un NOC riconosciuto dal Comitato Olimpico Internazionale possono contattare il team GMS della WTF per ottenere un codice MNA alla mail licence@wtf.org o alla Divisione Sport WTF alla mail sport@wtf.org.

17.3 Il nome, marchio, logo o qualsiasi segno distintivo del costruttore è uno per capo di massimo 20cm^2 e non va posto nella posizione del logo WTF secondo le linee guida in vigore per questo evento.

17.4 L'estremità della cintura deve essere almeno 10 cm o più al di sopra del ginocchio.

18. CONTROLLO MEDICO

18.1 Le regole antidoping WTF e, ove necessario, il codice della World Anti-Doping Agency, devono essere applicati a tutte le competizioni.

18.2 Verranno effettuati test antidoping obbligatori a tutti i medagliati, mentre per il resto degli atleti saranno condotti test a campione. La WTF e/o la WADA possono effettuare test casuali fuori-gara prima dei campionati.

18.3 Ogni concorrente che chiede l'esenzione per uso terapeutico (TUE) è tenuto a presentare il modulo di domanda TUE a WTF almeno 30 giorni prima dell'inizio dei campionati.

Si prega di consultare il sito WTF per le Regole antidoping:
http://www.worldtaekwondofederation.net/wp-content/uploads/2015/12/Final_WTF_Anti-Doping_Rules_In_force_as_of_January__2015.pdf
TUE: http://www.worldtaekwondofederation.net/wp-content/uploads/2016/03/2016-WTF-TUE-Application-form.pdf

19. INCONTRO DEI CAPI DELEGAZIONE E SORTEGGI

La sessione con l'incontro dei Capi Delegazione ed i Sorteggi si svolge due giorni prima dell'inizio dei campionati, che è il 27 settembre 2016, alla presenza del Delegato Tecnico, i funzionari WTF e i rappresentanti delle nazioni partecipanti.

PROGRAMMA PROVVISORIO
(soggetto a modifiche)

10° Campionato del mondo WTF di Taekwondo Poomsae Lima
(29 settembre - 2 ottobre, 2016 / Lima, Perù)

Data	Orario	Evento	Luogo
26 sett.	tutto il giorno	Arrivo arbitri internazionali	Hotel arbitri (Hotel Libertador)
	tutto il giorno	Arrivo squadre nazionali	VIDENA – Polideportivo 1 (gate 15)
	10.00-18.00	Accredito squadre in loco	VIDENA – Polideportivo 1 (gate 15)
27 sett.	10.00-18.00	Accredito squadre in loco	ICA HALL – Westin & Convention Center Hotel
	10.00-18.00	Formazione Arbitri internazionali	Hotel arbitri (Hotel Libertador)
	09.00-19.00	Allenamento squadre	VIDENA – Polideportivo 1 (gate 15)
28 sett.	10.00-18.00	Formazione Arbitri internazionali	Hotel arbitri (Hotel Libertador)
	09.00-19.00	Allenamento squadre	VIDENA – Polideportivo 1 (gate 15)
	10.00-12.00	Accredito squadre in loco (ultimo	ICA HALL – Westin & Convention Center Hotel
	14.00-16.00	Incontro Capi delegazione e sorteggi	CHINCHA HALL – Westin & Convention Center Htl
	19.00	Cena di benvenuto	Regatas Lima Club
29 sett.	09.00-	Gare	VIDENA – Polideportivo 1
	Da conf.	Cerimonia di apertura	VIDENA – Polideportivo 1
	Da conf.	Premiazioni	VIDENA – Polideportivo 1
30 sett.	09.00-	Gare	VIDENA – Polideportivo 1
	Da conf.	Premiazioni	VIDENA – Polideportivo 1
1 ott.	09.00-	Gare	VIDENA – Polideportivo 1
	Da conf.	Premiazioni	VIDENA – Polideportivo 1
2 ott.	09.00-	Gare	VIDENA – Polideportivo 1
	Da conf.	Premiazioni	VIDENA – Polideportivo 1
	Da conf.	Cerimonia di apertura	VIDENA – Polideportivo 1
2 ott.		Partenze	

World TaeKwonDo Federation

La Federazione Mondiale del TaeKwonDo (www.wtf.org), con sede a Seul (Corea del Sud) e a Losanna (Svizzera), venne inaugurata il 28 maggio '73 sulle fondamenta dell'Associazione Coreana di TaeKwonDo (Korea Taekwondo Association), nata ufficiosamente nel '59 e riconosciuta ufficalmente nel '61 come organizzazione competitiva.
Con 206 Paesi membri partecipanti, la WTF organizza competizioni ed eventi regolari, come gli incontri alle Olimpiadi, i Campionati mondiali e continentali di TaeKwonDo, le gare amichevoli, l'addestramento degli istruttori e degli arbitri internazionali, oltre a gare dimostrative.
Il presidente della WTF, Chungwon Choue, è stato riconfermato nel suo incarico alle elezioni che si sono tenute il 13 aprile 2005 a Madrid (Spagna). Choue guiderà la Federazione fino al 2016 in qualità di rappresentante di 60 milioni di taekwondoisti al mondo.
In Corea, il Taekwondo si diffuse rapidamente: nel '66 il generale Choi Hong Hi, presidente della KTA, fondò la Federazione Internazionale del Taekwondo (ITF) e ne trasferì la sede a Montreal, (Canada). Young-Wun Kim, quando venne eletto presidente KTA nel '73, sentendo che la Corea era la patria del Taekwondo e che la sede mondiale avrebbe dovuto essere lì, sciolse il legame tra ITF e KTA e creò la WTF. Al primo incontro inaugurale, Un Yong Kim venne eletto presidente. La WTF è l'unica organizzazione ufficiale riconosciuta dal governo coreano come organismo di governo internazionale per il Taekwondo.
Da allora la WTF ha fatto un grande sforzo per uniformare le regole dei tornei e organizzare gare di livello mondiale. Dopo il 2° Campionato del Mondo a Seoul, WTF si è affiliata all'Assemblea Generale della Federazione Internazionale Sport (GAISF), collegata al Comitato Olimpico Internazionale (CIO). Il CIO ha riconosciuto e ammesso WTF nel luglio '80 e nel '82 ha designato il Taekwondo come sport dimostrativo ufficiale per i Giochi Olimpici dell'88 a Seoul. Al Congresso di Berlino del '85 il CIO vota a favore dell'introduzione del Taekwondo tra le discipline a carattere dimostrativo e fissa il debutto proprio in Corea, dove nel 1988 sono in programma i Giochi di Seoul.
Non appena rieletto presidente, Choue ha promosso una riforma della WTF e ha compiuto ogni sforzo possibile per far sì che il TaeKwonDo rimanesse sport olimpico, confermandolo non solo ai Giochi di Rio de Janeiro del 2016, ma anche come uno dei 25 sport fondamentali per Tokio 2020. L'attuale Presidente della Commissione WTF per le Poomsae è Young Ghil Park (Italia).

European TaeKwonDo Union

Fondata il 2 maggio 1976, sotto la direzione del primo Presidente Antonio Garcia de la Fuente, l'Unione Europea del TaeKwonDo (www.taekwondoetu.org), già 20 giorni dopo la fondazione, il 22-23 maggio, organizzava il primo campionato europeo a Barcellona. I primi paesi membri sono stati Spagna, Belgio, Austria, Portogallo, Germania, Italia, Francia, Paesi Bassi, Turchia, Grecia, Danimarca e Inghilterra.

L'ETU è l'organismo ufficiale di governo di tutti le federazioni di Taekwondo associate in Europa, con sede a Oldenzaal, Paesi Bassi e con attuale presidente Athanasios Pragalos. È composta dalle federazioni nazionali di tutti i paesi membri europei e regolamenta tutti i membri del Taekwondo su base continentale, seguendo regole e direttive della WTF. Grazie agli attuali 50 paesi membri, a quarant'anni dalla fondazione, l'European Taekwondo Union è la più grande unione continentale della WTF. ETU organizza campionati europei senior, junior, cadetti, di sparring e poomsae. Oltre a questi eventi, organizza altre attività, come seminari e corsi di formazione, il cui scopo è quello di migliorare le competenze educative degli allenatori di tutta Europa, al fine di aumentare la qualità di questo sport. Inoltre promuove, supervisiona e dirige le competizioni europee a livello di club e di squadre nazionali, e si occupa della preparazione degli arbitri internazionali europei.

Gran parte dell'attività è svolta dai comitati, gruppi di lavoro operativi della ETU. In essi viene svolto tutto il lavoro propedeutico alle sessioni degli organi decisionali dell'Unione. I Comitati sono composti da diversi specialisti, scelti ed autorizzati direttamente dal Presidente della ETU.

L'ETU ha stabilito una serie di commissioni permanenti che si occupino dei vari settori di attività ma, oltre ad essi, di volta in volta vengono creati comitati adhoc aggiuntivi per venire incontro a speciali esigenze che possono sorgere nel tempo.

Davide Turilli

Davide Turilli è nato a Trieste il 9 giugno 1997. E' il tesserato n. 82334 della FITA, detiene attualmente la cintura nera 3° Dan ed è prossimo a sostenere gli esami per la cintura nera di Ju Jitsu. Svolge presso la struttura dell'Associazione Sportiva Dilettantistica Free Spirit Taekwondo Trieste un percorso formativo con gli allievi di categoria Junior e Senior, collaborando anche alla formazione atletica degli allievi. Oltre ai risultati sportivi di notevole valore, Davide ha dimostrato di essere un atleta di riferimento per i compagni della sua società, motivandoli a crescere non solo come sportivi, ma anche nella vita secondo i principi etico-morali del TaeKwonDo. Mette costantemente a disposizione del gruppo le sue capacità tecniche, atletiche e la personalità in palestra, permettendo alla Free Spirit di crescere sia nel numero degli iscritti che nella qualità degli atleti. Assieme al padre Carlo, presidente della società, si è spesso prestato a incontri dimostrativi presso scuole ed altre strutture sportive della provincia di Trieste, diffondendo i valori dello Sport tra i giovani.

Più volte selezionato nella rappresentativa regionale FITA (sia per il combattimento che per le forme), è diventato un punto di riferimento a livello nazionale ed europeo nella disciplina del Freestyle Poomsae, vantando varie medaglie d'oro e argento a livello internazionale e nazionale. Per perfezionare la preparazione nell'ambito del FreeStyle, Davide è seguito anche da un preparatore atletico.

Ha iniziato a praticare il Taekwondo a 4 anni, ottenendo la medaglia d'oro interregionale nel 2003 nelle forme, rimanendo imbattuto fino al 2011. Dal 2003 al 2011 è stato inoltre campione interregionale di combattimento in diverse categorie di peso. Nel 2005, a 8 anni, ha partecipato per la prima volta a dei campionati internazionali (Slovenia Open), arrivando terzo. Passa alle competizioni agonistiche a 12 anni. Nel 2008 viene promosso al I° Dan, nel 2009 al II° Dan e nel 2011 consegue il III° Dan. Nella manifestazione "Milan Poomsae Cup 2015", gara con oltre 400 atleti partecipanti, Davide vince la medaglia d'oro nella categoria Freestyle U17 con il punteggio di 249/250esimi. Il 20 dicembre 2015 ha conseguito presso il Centro di Preparazione Olimpica di Roma la qualifica di Insegnante Tecnico (Allenatore di 1° livello) di Taekwondo. Da luglio 2016 entra a far parte della Nazionale Italiana, con la quale ha ottenuto il 6° posto ai mondiali di Lima 2016. Il 25 febbraio 2017 ha ricevuto dall'Associazione Nazionale Atleti Olimpici e Azzurri d'Italia il Premio Trieste Azzurra che valorizza gli atleti triestini che si sono distinti nella loro disciplina a livello nazionale ed internazionale. Da novembre 2017 è arruolato nell'Esercito Italiano presso il Comando dell'VIII Reggimento Alpini a Venzone (UD).

Il suo palmares può vantare, fra le tante onorificenze:

2011	Medaglia d'Oro classe Junior A - 13° Belgrade Trophy - Belgrado (Serbia) Membro della rappresentativa del Veneto e FVG, campione Italiana
2012	Medaglia d'Oro - Campionati Interregionali FVG - Trieste Medaglia d'Argento - Pokal Smarto - Litiga (Slovenija) Medaglia d'Oro - Campionati Interregionali Emilia Romagna Medaglia d'Oro e Miglior Atleta - Torneo Susedgrad-Skol Pokal - Zagabria (Croazia) Medaglia d'Argento - Karlovac Open (Croazia)
2013	Medaglia d'Oro - Campionato Interregionale Lombardia - Bussero (MI) Medaglia d'Oro - Campionati Italiani Juniores - Genova Medaglia d'Argento - International TKD Championship M2 - Vrbovec (Croazia) Medaglia d'Argento - Torneo Slovenija Open 2013 Maribor Medaglia d'Argento - 30° Open Challenge Cup Kyorugi - Tongeren (Belgio)
2014	Medaglia d'Oro - Halleluja World TKD - Karlovac (Croazia) Medaglia d'Argento cat. J59 - Kondor Open - Snedjelja (Slovenija) Medaglia di Bronzo cat. -63 - Taekwondo Pokal Ivancna - Nova Gorica (Slovenija) Medaglia d'Oro - 1st Milan Poomsae Cup Freestyle - Milano
2015	Medaglia d'Oro come Rappresentante Regionale FVG - Campionato Freestyle Medaglia d'Argento - Gara a squadre regionali Nord Italia di combattimento Medaglia di Bronzo - Torneo Internazionale Grecia Salentina Medaglia d'Oro - Open Ilyo Poomsae & Free Style - Aarschot (Belgio) Medaglia d'Oro - Campionato Taekwondo Pokal Gaiana - Lubiana (Slovenija) Medaglia d'Argento - 14th Dutch Open Technical Championship ETU cl.A - Sittard (Olanda) Medaglia d'Argento - Torneo Nazionale Freestyle - Catanzaro Medaglia d'Oro cat. -68 - TKD Pokal Ivancna - Nova Gorica (Slovenija)
2016	Convocazione al raduno della Nazionale - CPO Acqua Cetosa, Roma Medaglia d'Argento - President's Cup Poomsae - Bonn (Germania) Medaglia d'Oro - Germania Open Poomsae - Essenbach (Germania) 1° posto nell'European Ranking List Poomsae ETU cat. freestyle 18+ male 6°class freestyle 17+ male - Camp.Mondiale Forme WTF - Lima (Perù)
2018	**Medaglia di Bronzo Team e Indiv. Freestyle - Rhodes World TKD Beach Championship**

Esempi di musica nel Taekwondo Freestyle

Tom Nucleus - Stellar (Sollito RMX)
Hwarang TKD Nurmijarvi - Taekwondo Festival in Turku, Finland 2007

2PM - Without You
Team-M, 7th The World Championship, Tunja, Colombia 2012

i SQUARE - Hey Sexy Lady (Skrillex remix)
Freestyle demo Team, British National Championships, 2013

Bruno Mars - Treasure
Black Eagle Taekwondo (AUS) Australia National Championship, 2013

Jack Trammell - Behemoth
Mixed Team Canada, 8th World Championship, Bali, Indonesia, 2013

Two steps from Hell - Strenght of a thousand men
Mixed Team Singapore, 12th Asean Championships, Hochiminh City, Vietnam 2013

Getter - Knives
6th New South Wales Championships, Australia, 2013

Nick Phoenix & Thomas Bergersen - Kingdom Skies
Rinna Babanto, 9th World Championship, Aguascalientes, Messico, 2014

Joe Burke & Charlie Lennon - My Darling Asleep & Cailleach an Airgid
Adalis Munoz, 9th World Championship, Aguascalientes, Messico, 2014

Full Tilt - Conviction
Jean Pierre Sabido, 9th World Championship, Aguascalientes, Messico, 2014

Train Wrecka - Dark Dayz Bright Nightz
Luis De La Mora, 9th World Championship, Aguascalientes, Messico, 2014

Two steps from Hell - Archangel
Mixed Team Mexico, 9th World Championship, Aguascalientes, Messico, 2014

Thomas Bergensen - Sons of war
Mixed Team Vietnam, 9th World Championship, Aguascalientes, Messico, 2014

Dagavaq - Afraid of this generation
Sergei Slepich, 9th World Championship, Aguascalientes, Messico, 2014

Cosmin 13 - Icarus
Yulia Popova, 9th World Championship, Aguascalientes, Messico, 2014

Dadie Boy - A moment in time Ison
Gold medal, Südbayerische Meisterschaft Technik, Gauting, Deutschland, 2014

Sarah Ainsworth, Piano Sonata n°11 in A Major, K331
Murat Sarikus, Türkiye Taekwondo Poomsae Şampiyonası, 2015

Within Temptation – Our solemn hour
Davide Turilli, Campionati italiani Poomsae, Catanzaro 2015

Music Junkies - Spirit of darkness
Parawee Chaosoun, 3th Asian Junior Taekwondo Poomsae Championship 2015

Immediate - Destiny of the chosen
Peter Le Tran, - Australian Open Taekwondo 2015

GLOSSARIO

ABDUZIONE: avvicinamento all'asse longitudinale
ADDUZIONE: allontanamento dall'asse longitudinale
AHN CHIGI: Colpo di taglio verso l'interno
AHN MAKKI: Parata all'interno
AHRE MAKKI: Parata bassa
AP CHA OLLIGI: Calcio frontale rimontante
AP CHAGI: Calcio frontale
AP CHIGI: Colpo di taglio frontale
ARTROSI: processo degenerativo delle cartilagini articolari
ATTO RESPIRATORIO: fase completa di inspirazione, espirazione e pausa
BAEK: Bianco
BAESIM: Giuria
BAKAT CHIGI: Colpo di taglio verso l'esterno
BAKAT PALMOK ARE MAKKI: Parata inferiore con l'avambraccio esterno
BAKAT PALMOK MAKKI: Parata con l'avambraccio esterno
BAKAT PALMOK MOMDONG MAKKI: Parata media con l'avambraccio esterno
BAKAT PALMOK YEOP MAKKI: Parata laterale
BANDAE JIRUGI: Pugno a lato della gamba anteriore
BANDAL CHAGI: Calcio semicircolare, crescent kick o calcio a mezzaluna
BADO CHAGI: Calcio d'incontro
BAKAT PALMOK OLGUL MAKKI: Parata superiore con l'avambraccio esterno
BARO JIRUGI: Pugno a lato della gamba posteriore
BARO SEOGI: Posizione di riposo
BITEURO CHAGI: Calcio all'esterno, calcio rovesciato
BO JUMOK SEOGI: Posizione di meditazione in cui il pugno viene coperto col il palmo della mano
BOLLEY KICK: Calcio Tornado 540°
CAPACITÀ VITALE: massimo volume d'aria che può essere espirata dopo aver compiuto una profonda inspirazione
CAPSULA ARTICOLARE: componente fibrosa che si inserisce sui margini delle superfici articolari delle ossa
CARTILAGINE: tessuto connettivo che ricopre la superficie di ossa ed articolazioni
CHAGI: Calcio
CHARYOT: Attenti
CHARYOT SEOGI: Posizione d'attenti
CIONG: Blu

CIRCONDUZIONE: passaggio di un segmento del corpo per le quattro direzioni dello spazio
CIRUGI: Colpo a mano aperta
CONTRAZIONE ISOMETRICA: la contrazione muscolare che non produce né accorciamento, né allungamento del corpo muscolare
CONTRAZIONE MUSCOLARE: l'azione che avvicina le estremità del muscolo
DAN: Dan
DECUBITO LATERALE: appoggio a terra con la regione laterale sinistra o destra.
DECUBITO PRONO: appoggio a terra della regione anteriore
DECUBITO SUPINO: appoggio a terra della regione posteriore, il petto è rivolto in alto
DIAFRAMMA: muscolo piatto che separa la cavità addominale da quella toracica
DIGHEUT JIRUGI: Doppio pugno
DISCO INTERVERTEBRALE: struttura fibrosa posta sui corpi vertebrali che favorisce il movimento
DOBOK: Uniforme ufficiale del Tae Kwon Do
DOJAN: Palestra
DOLLYO CHAGI: Calcio circolare
DOLLYO JIRUGI: Pugno circolare
DUBALDANG SANG CHAGI: Doppio calcio in volo in successione
DWI CHAGI: Calcio all'indietro
DWIO CHAGI: Calcio in volo
DWIRODOLA: Girare all'indietro
ELASTICITÀ: proprietà del muscolo di allungarsi o restringersi
ESCURSIONE ARTICOLARE: massima ampiezza di un movimento articolare
ESPIRAZIONE: l'atto dello svuotare i polmoni dell'aria contenuta.
ESTENSIONE: passaggio da un atteggiamento breve ad uno lungo
EXTRAROTAZIONE: rotazione verso l'esterno
FASCE: tessuto connettivo che avvolge e separa i muscoli, i nervi, gli organi e i tessuti
FASCIA CONNETTIVALE: forme di tessuto connettivo che avvolgono e separano i muscoli, i nervi, gli organi, i tessuti
FLESSIONE: passaggio da un atteggiamento lungo ad uno breve non in appoggio
FREQUENZA RESPIRATORIA: numero di atti respiratori al minuto
FUNZIONI METABOLICHE: il calcio contenuto nel tessuto osseo viene utilizzato per regolare la quantità di calcio nel sangue
GAM JEOM: Penalità di un punto
GEUKKI: Padronanza di sé

GHISUL: Tecnica
GHIUYUL: Disciplina
GIEJA: Allievo
GIUMBI: Prepararsi
GODRO MAKKI: Parata rafforzata
GUGKI E DEHAYO KYUNGRAE: Saluto alla bandiera
GWAISON KEUT JIRUGI: Colpo agli occhi
GYEORUGI JUNBI: Posizione di combattimento
HECCIO MAKKI: Doppia parata con gli avambracci
HIM: Potenza
HO GU: Corpetto, corazza
HOEJON: Round
HONG: Rosso
HOSINSOOL: Tecnica di difesa personale
HUANG: Giallo
IMPULSI ELETTRICI: stimoli nervosi che viaggiano attraverso i neuroni veloci fino a 400 km/h
INFIAMMAZIONE: fenomeno dell'organismo in risposta all'attacco di agenti patogeni (batteri, parassiti, particelle)
INSERZIONE TENDINEA: area in cui il tendine si congiunge all'osso
INSPIRAZIONE: atto con cui l'aria viene immessa nei polmoni
JASE: Posa
JIKO CHAGI: Calcio discendente
JONKYUNG: Rispetto
JUMOK JIRUGI: Pugno
JUNGJIK: Onestà
JUNGSHIN: Spirito
JUNGSHIN TONG IL: Concentrazione
KALYO: Separarsi
KESOK: Continuare
KEUMAN: Fermarsi
KEUP: Grado
KIUP: Urlo
KUKKIWON: Ente per lo Sport Nazionale Coreano, situato nel distretto Gangnam a Seul. Casa spirituale degli atleti di TaeKwonDo di tutto il mondo, è responsabile per il mantenimento della tradizione dell'arte marziale e la sua diffusione a livello planetario. Il suo fine è duplice: da una parte promuovere il TaeKwonDo da semplice retaggio culturale a sport nazionale, per accrescere la salute di tutti i coreani, dall'altra aumentare il prestigio della nazione diffondendo in tutto il mondo lo spirito e le peculiarità del TaeKwonDo. E' anche la sede dell'Accademia mondiale di TaeKwonDo, che ha lo scopo di creare degli istruttori qualificati.
KYORUGI: Combattimento
KYUKPA: Prova di potenza – Rottura
KYUMSO: Modestia
KYUN GO: Ammonizione
KYUNGRAE: Saluto
KYUNKIJANG: Quadrato di gara
LEGAMENTI: strutture formate da

ispessimenti di tessuto connettivo che rinforzano l'articolazione
LIQUIDO SINOVIALE: liquido giallastro contenuto in piccole quantità nelle cavità articolari che facilita lo scorrimento dei capi articolari
MAKKI: Parata
MATURAZIONE: raggiungimento del pieno sviluppo fisico e psicologico
MIRO CHAGI: Calcio a spinta
MOA SÔGHI: Posizione a piedi uniti
MOBILITÀ ARTICOLARE: capacità di un'articolazione di produrre il movimento
MODUMBAL CHAGI: Calcio doppio in volo
MOM DOLLYO CHAGI: Calcio circolare all'indietro
MOO DO: Arte Marziale
MOOREUP CHIGI: Ginocchiata bloccando il bersaglio con le mani
MOTONEURONE: cellula nervosa che trasmette gli impulsi nervosi.
NERVI: unità del sistema nervoso in grado di ricevere e trasmettere segnali di natura elettrica e chimica
NEURONE: cellula formata da un corpo centrale, da ramificazioni corte chiamate dendriti e da un prolungamento più lungo chiamato assone che serve a trasmettere gli impulsi nervosi ad altre cellule
NOPI CHAGI: Calcio in alto
OMEOSTASI: mantenimento dell'equilibrio delle funzioni che regolano l'organismo con il suo ambiente chimico-fisico interno, anche al variare delle condizioni esterne
OTGORO MAKKI: Parata incrociata
PALMOK MOMDONG AN MAKKI: Parata media con l'avambraccio interno
PERIOSTIO: membrana di tessuto connettivo che copre l'osso e provvede al suo nutrimento
PIEGAMENTO: passaggio da un atteggiamento lungo ad uno breve
PRONAZIONE: rotazione verso l'interno.
PYONSON KEUT SEUO JIRUGI: Colpo al plesso solare
RETROVERSIONE: tendere all'indietro il bacino
ROK: Verde
ROTAZIONE: movimento attorno al proprio asse
SABUNIM: Maestro
SCIO: Riposo
SEUNG: Vittoria
SEUO JIRUGI: Pugno diretto
SIBOUM: Dimostrazione – Esibizione
SIGAN: Tempo

SIJAK: Cominciare
SIMPAM: Arbitro
SIMSA: Esame di graduazione
SINAPSI: parte terminale della cellula nervosa che consente la trasmissione degli impulsi nervosi attraverso il rilascio di neurotrasmettitori o di stimoli elettrici
SOKIDO: Velocità
SONNAL CHIGI: Colpo portato con il taglio della mano
SONNAL MAKKI: Parata col taglio della mano
STAZIONE ERETTA: posizione del corpo in verticalità con gambe dritte e piedi paralleli
STIMOLAZIONE NERVOSA: le fibre muscolari si contraggono se stimolate da un impulso nervoso
SOTTODURALE: ematoma interno

SUPINAZIONE: rotazione verso l'esterno
TENDINI: parte terminale del muscolo formata da tessuto connettivo, molto resistente alle trazioni. Unisce il muscolo all'osso
TESSUTO CONNETTIVO: tessuto che congiunge, sostiene, protegge e nutre altri tessuti
TI: Cintura
TRAZIONE: tirare verso sé un carico
VENTILAZIONE POLMONARE: quantità d'aria che viene immessa in un minuto
YEOP JIROGI: Pugno con impatto laterale
YOP CHAGI: Calcio laterale
YUDANJA: Cintura Nera
YUDANJA SIMSA: Esame di cintura nera

BIBLIOGRAFIA

- Agur A. M. R., *Grant's Atlas of Anatomy*, 13th Edition, LWW Publ. 2012
- Alexander C., Simpkins P.D., Annellen M., *Taekwondo: Building on the Basics*, Radiant Dolphin Press 2006
- Alter M. J., *Sport stretch*, Leisure Press 1990
- Alter M. J., *Los estiramientos*, Ed. L'Aidotribo 1992
- Alter M. J., *Science of Stretching*, Human Kinetics Publ. 1999
- American Psychiatric Association, *Diagnostic and Statistical Manual of Mental Disorders, Fifth Edition (DSM-5)*, American Psychiatric Publishing 2013
- Anderson B., Anderson J., *Stretching,* Random House 1980
- Anderson B., *Stretching Vol. 2.*, Ed. Mediterranee 1998
- Beaulieu JE., *Stretching For All Sports*, Athletic Press 1980
- Beedie C.J., Terry P.C., Lane A. M., *The profile of mood states and athletic performance: two meta-analyses*, Journal of Applied Sport Psychology 2000
- Botterill C., Brown M., *Emotion and perspective in Sport*, International Journal of Sport Psychology 2002
- Butler E. A., Lee T. L., Gross J. J., *Emotion, Regulation and Culture: are the consequences of emotion suppression culture-specific?*, Emotion 2007
- Carboni V., *Elimina la tensione con lo Stretching Progressivo*, Elektra Publ. 2015
- Chiavarino C., Rabellino D., Ardito R.B., Cavallero E., Palumbo L., Bergerone S., Gaita F., Bara B.G., *Emotional coping is a better predictor of cardiac prognosis than depression and anxiety*, Journal of Psychosomatic Research 2012
- Chun R., Cook D., *Taekwondo Black Belt Poomsae: Original Koryo and Koryo*, YMAA Publication Center 2013
- CONI - Biblioteca sportiva nazionale, *Lo sport nel libro antico*, Coni - Scuola dello sport, 1995.
- Crocker P.R.E., Kowalski K.C., Graham T.R., Kowalski N.P., *Emotion in Sport, Psychological foundations of sport*, Allyn & Bacon 2002
- De Angelis D., *Power-Flex*, ed. Sandro Ciccarelli Ed. 2007
- Delavier F., *Delavier's Stretching Anatomy*, Human Kinetics Publ. 2011
- Faller A., Schuenke M., *The Human Body*, Thieme Publ. 2004
- Ferrara P., *L'Italia in palestra: storia, documenti e immagini della ginnastica dal 1833 al 1973*, La meridiana 1992
- Fumarola M., *Taekwondo. La storia, le tecniche, l'evoluzione*, Elika 2003
- Grandi B., *Didattica e metodologia della ginnastica artistica*, Società Stampa Sportiva 1989
- Grifi G., *Gymnastike=Ginnastica. Storia dell'educazione fisica e dello sport*, Istituto superiore di educazione fisica 1985
- Huguenin A., *100 ans de la Fédération internationale de gymnastique 1881-1981*, Fédération internationale de gymnastique, s.a
- Jackson S.A., *Joy, fun and flow state in sport, Emotions in Sport*, Human Kinetics 2000
- Jeong R.K., *Taekwondo Vol. 1: Basic Techniques & Taegeuk Poomse*, Seo Lim Publishing Company 1986)
- Kang I., *Explanation Official Taekwondo Poomsae*, Korean Book Service 2008
- Kurz T., *Stretching scientifically – a guide to flexibility training*, Stadion Publ. 2003

- Kyu H.L., Sang H.K., *Complete Taekwondo Poomsae: The Official Taegeuk, Palgwae and Black Belt Forms of Taekwondo*, Turtle Press 2006
- Kyu H.L., Sang H.K., *Tae Kwon Do Black Belt Poomsae (Taekwondo Poomsae series Book 3) (English Edition)*, Turtle Press 2010
- Kyu H.L., *What is Taekwondo Poomsae? (Theory) (English Edition)*, Osung Publishing Company 2013
- Lambert G., *La muscolation*, Editions Vigot 1983
- Lee C., *Advanced explosive kicks*, Ohara Publications 1978
- Lucidi F. (a cura di), *Sportivamente. Temi di psicologia dello sport*, LED Edizioni Universitarie 2011
- Lyubomirsky S., King L., Diener E., *The benefits of frequent positive affect: Does happiness lead to success?*, Psychological Bullettin 2005
- Martini F., *Human Anatomy*, Benjamin Cummings Publ. 2011
- Muzio M., Riva G., L. Argenton (a cura di), *Flow, benessere e prestazione eccellente. Dai modelli teorici alle applicazioni nello sport e in azienda*, Franco Angeli 2012
- Nelson A. G., *Stretching Anatomy - 2nd Edition*, Human Kinetics Publ. 2013
- Nelson T. R., Bandy W. D., *Eccentric Training and Static Stretching Improve Hamstring Flexibility of High School Males*, J. Athl. Train. 2004
- Nelson T. R., Bandy W. D., *An update on flexibility*, Strength and conditioning Journal 2005
- Noto A., Rossi L. (a cura di), *Coroginnica: saggi sulla ginnastica, lo sport e la cultura del corpo, 1861-1991*, La meridiana 1992
- Palastanga N., *Anatomy and Human Movement: Structure and function, 6 ed. (Physiotherapy Essentials)*, Churchill Livingstone Publ. 2011
- Riva A., *Cento anni di vita della Federazione ginnastica d'Italia*, La Tipografica 1969
- Robson S., *Psychological Fitness and Resilience*, Natl Book Network 2014
- Savoie Gilles R.,*Taekwondo: A Technical Manual*, Blue Snake Books 2010
- Shane Murphy, (a cura di), *The Oxford Handbook of Sport and Performance Psychology (Oxford Library of Psychology)*, Oxford University Press 2012
- Shirali Dr. Ing. Nuri M., *Free Style Poomsae Scoring Guidelines*, WTF 2014
- Spinelli D. (a cura di), *Psicologia dello sport e del movimento umano*, Zanichelli 2002
- Stirk J. L., *Stretching strutturale*, Red Edizioni 1991
- Stone J., *Atlas of Skeletal Muscles*, McGraw-Hill ed. 2011
- Trabucchi P., *Perseverare è umano. Come aumentare la motivazione e la resilienza negli individui e nelle organizzazioni. La lezione dello sport*, Corbaccio 2012
- Trabucchi P., *Resisto dunque sono. Chi sono i campioni della resistenza psicologica e come fanno a convivere felicemente con lo stress*, Corbaccio 2007
- Travell PE., Simons DG., *Myofascial Plain and Dysfuction. The Trigger Point Manual. The Lower Extremites vol.2*, William & WilKins 1992
- Trew M., Everett T., *Human Movement: An Introductory Text (Physiotherapy Essentials)*, Churchill Livingstone ed. 2005
- Tucci A., *Taekwondo. I poomsae basilari 1-8*, Jute Sport 2009
- Tucci A., *Taekwondo. I poomsae basilari 9-17*, Jute Sport 2009
- Wirhed R., *Athletic Ability and the Anatomy of Motion*, Mosby ed. 2006

SOMMARIO

PREFAZIONE — pag. 7

Cap. 1 - ORIGINI STORICHE E SVILUPPI — pag. 9

Cap. 2 - ANATOMIA UMANA E DEL MOVIMENTO — pag.13
- 2.1 - Cosa avviene nel nostro cervello? — pag.13
- 2.2 - Il Sistema Nervoso — pag.14
- 2.3 - Struttura e funzioni — pag.14
- 2.4 - I muscoli e l'origine del movimento — pag.16
- 2.5 - Come avviene la contrazione muscolare? — pag.17
- 2.6 - I tendini — pag.20
- 2.7 - Le giunzioni neuromuscolari — pag.22
- 2.8 - Lo scheletro — pag.22
- 2.9 - Le articolazioni — pag.24
- 2.10 - La respirazione — pag.26
- 2.11 - Il Sistema Cardio-circolatorio — pag.27

Cap. 3 - ALLENAMENTO — pag.31
- 3.1 - Allenamento e Coordinazione — pag.33
- 3.2 - Allenamento e Equilibrio — pag.35
- 3.3 - Allenamento alla forza esplosiva e alla velocità d'esecuzione — pag.39

Cap. 4 - STRETCHING E MOBILITÀ ARTICOLARE — pag.41
- 4.1 - Regole da seguire nello stretching — pag.42
- 4.2 - Tecniche utilizzate nella pratica dello stretching — pag.44
- 4.3 - Attento al riflesso miotatico da stiramento — pag.49
- 4.4 - Attento al riflesso inverso da stiramento — pag.49

Cap. 5 - FREESTYLE POOMSAE E TAEKWONDO — pag.51
- 5.1 - Posizioni, parate, colpi — pag.51
- 5.2 - L'arte di colpire con i calci — pag.60
  - Ap Chagi (Front Kick) — pag.62
  - Twieo Chagi (Jump Front kick) — pag.63
  - Twieo Kawi Ap Chagi (Jump Double Front Kick) — pag.64
  - Modum Chagi (Drawing Kick) — pag.65
  - Twimyo Ap Chagi (Flying Front Kick) — pag.66
  - Yeop Chagi (Side Kick) — pag.67

Twimyo Yeop Chagi (Flying Side kick)	pag.68
Twieo Yeop Chagi (Jumping Side Kick)	pag.69
Momdollyo Yeop Chagi (Spinning Side Kick)	pag.70
Twimyo Dwi Chagi (Flying Back Kick)	pag.71
Twieo Dwi Chagi (Jumping Back Kick)	pag.72
Dollyeo Chagi (Roundhouse Kick)	pag.73
Narae Chagi (Double Roundhouse Kick)	pag.74
45° Dollyeo Chagi (Diagonal Kick)	pag.75
Nabee Chagi (Butterfly Kick)	pag.76
Biteureo Kawi Chagi (B-Twist)	pag.78
Biteureo Dollyeo Kawi Chagi (B-Twist Round Kick)	pag.79
Bandal Chagi (Crescent Kick)	pag.80
Dolgae Chagi (Tornado Kicks)	pag.81
360° Dolgae Chagi (360° Tornado Kick)	pag.82
540° Dolgae Chagi (540° Tornado Kick)	pag.84
720° Dolgae Chagi (720° Tornado Kick)	pag.86
900° Dolgae Chagi (900° Tornado Kick)	pag.88
Naeryeo Chagi (Axe Kick)	pag.90
Twimyo Naeryeo Chagi (Flying Axe Kick)	pag.91
Twieo Naeryeo Chagi (Jumping Axe Kick)	pag.92
Gawi Chagi (Scissors Kick)	pag.93
Mireo Chagi (Pushing Kick)	pag.94
Step over hook	pag.95
Narabong	pag.96
Flash Kick	pag.97
Double Flash Kick	pag.98
Twimyo Yeop e Dollyeo Chagi (Flying Side+Round Kick)	pag.99
5.3 Le Poomsae	pag.101
Keon	pag.102
Tae	pag.104
Ri	pag.106
Jin	pag.108
Seon	pag.110
Gam	pag.112
Gan	pag.114
Gon	pag.116
Koryo	pag.118
Keumgang	pag.120
Taebaek	pag.122
Pyongwon	pag.124
Sipjin	pag.126
Jitae	pag.128
Cheonkwon	pag.130
Hansoo	pag.132
Ilyeo	pag.134

Cap. 6 - LE AZIONI ACROBATICHE — pag.137
    Cartwheel (Ruota) — pag.138
    Aerial (Ruota senza mani) — pag.139
    Flik Flak avanti — pag.140
    Flik Flak indietro — pag.141
    Frontflip (Salto giro in avanti raggruppato) — pag.142
    Backflip (Salto giro indietro raggruppato) — pag.143
    Sideflip (½ giro e salto giro in avanti raggruppato) — pag.144
    Gainer Flash Kick — pag.145

Cap. 7 - LE REGOLE DEL FREESTYLE TAEKWONDO E LA VALUTAZIONE NELLE COMPETIZIONI — pag.147
    Esempio di Freestyle Poomsae performance plan — pag.150

Cap. 8 - COSTRUZIONE DELLA COREOGRAFIA — pag.157

Cap. 9 - FREESTYLE ED EMOZIONE — pag.161

APPENDICE — pag.165
    Linee guida per il punteggio — pag.166
    Scheda di valutazione arbitrale — pag.168
    Lista delle penalità — pag.169
    Albo d'oro — pag.170
    Regolamento 10° Campionati del mondo WTF di Taekwondo Poomsae Lima 2016 — pag.174
    World TaeKwonDo Federation — pag.186
    European TaeKwonDo Union — pag.187
    Davide Turilli — pag.188
    Esempi di musica nel Freestyle — pag.190

GLOSSARIO — pag.191

BIBLIOGRAFIA — pag.196

SOMMARIO — pag.198

CPSIA information can be obtained at www.ICGtesting.com
Printed in the USA
LVIW011039180119
604372LV00006BA/32